Texte, Themen und Strukturen
Deutschbuch für die Oberstufe

Literatur und Film:
Analyse, Interpretation und Erörterung
Lösungen

1 Grundlagen

1.1 Literarische Texte lesen und verstehen – Ein Modell

→ S. 3
1 – Kennzeichnung bei Veröffentlichung des Textes (z. B. als Roman)
– offensichtlich erdachte, weil irreale Handlung oder Personen

2 **a** Fantasyroman, Ballade, historischer Roman, Kurzgeschichte, Märchen, Naturgedicht, Sonett
b Mögliche Lösung:
Satire: Satirische Texte beziehen sich mit ihrer Intention in künstlerischer Form auf einen außerliterarischen Gegenstand.
Tagebuch: Festgehalten werden reale Ereignisse und Erlebnisse, die Darstellung kann aber narrativ (erzählend) und damit poetologisch gestaltet sein.
Dokumentartheater: Es werden pragmatische Texte verwendet, die sich auf Ereignisse aus der realen Welt beziehen (Dokumente wie Reportagen, Interviews, Gerichtsprotokolle etc.), diese werden aber in Auszügen in eine Geschichte eingewoben und entsprechend künstlerisch zusammengestellt.
Zeitungsbericht: Bei einem Bericht handelt es sich um einen Sachtext / einen pragmatischen Text.

→ S. 4
3 **a** Einzusetzen sind:
oben links: Erzähler; oben rechts: impliziter Leser; Mitte: werkimmanent; unten: Biografie, Literaturepoche

4 produktionsorientierte Methode

1.2 Grundlagen der Methodik des Analysierens und Interpretierens

1.2.1 Epische Texte

Erstes Textverständnis

→ S. 6
2 Mögliche Lösung:
Kafkas Parabel veranschaulicht die Unmöglichkeit von Kommunikation.

Aspekte der Analyse

1 **a** Mögliche Lösung:
Z. 1–5: Der sterbende Kaiser sendet dir eine Botschaft.
Z. 5–14: Der Bote wird unterrichtet.
Z. 14–19: Der Bote ist auf dem Weg.
Z. 19–36: Der Bote kommt nicht voran.
Z. 36–37: Du erträumst dir die Botschaft.
b Mögliche Lösung:
Ein sterbender Kaiser trägt einem Boten vor den Augen des versammelten Hofstaats eine Botschaft für einen an den Rand des Reiches geflüchteten Untertanen auf, doch der Bote kommt in der unendlichen Weite des kaiserlichen Palastes und Reiches kaum voran, sodass er wohl niemals seine Botschaft an den Untertanen überbringen wird, der sich diese stattdessen in einem Traum vorstellt.

2 a Kaiser, Du/Untertan, Bote, Zuschauerschaft / die Großen des Reichs

b Mögliche Lösung:
„dem Einzelnen" (Z. 1) → allein, isoliert
„dem jämmerlichen Untertanen" (Z. 1 f.) → unterlegen
„winzig" (Z. 2) → unbedeutend
„in die fernste Ferne geflüchteten Schatten" (Z. 3) → ängstlich
„sitzt an Deinem Fenster" (Z. 36) → abwartend, passiv
„erträumst sie Dir" (Z. 36 f.) → naiv, wirklichkeitsfern

c Mögliche Lösung:
Der bald sterbende Herrscher und der Untertan sind miteinander durch die Botschaft verbunden. Zwischen den beiden herrscht aber nicht nur ein Machtgefälle; der Untertan (der „Schatten") hat sich von dem Kaiser (der „Sonne") auch „in die fernste Ferne" geflüchtet. Dem Wissen des Kaisers kontrastiert die Unwissenheit des Untertanen, der sich die Ankunft der Botschaft wünscht, was durch die Entfernung aber unmöglich ist.

→ S. 7

3 **a/c**

Figur	Ort/Raum	mögliche Bedeutung des Ortes
Kaiser	Palast im Zentrum des Reiches	Macht, Größe, Einfluss, Zentrum, Autorität
Bote	auf dem Weg, noch im innersten Palast	„dazwischen"; Weg verdeutlicht die Größe des Reiches
Untertan	im Reich, aber fernab des Palastes	Machtlosigkeit, Unwissenheit

4 a Der Text beginnt im Perfekt und Präteritum und endet im Präsens. Dies lässt sich so verstehen, dass das Absenden der Botschaft sehr lange zurückliegt, während die Hoffnung auf ihre Ankunft immer noch fortdauert. Die Formulierung „wenn der Abend kommt" (Z. 37) lässt sich deuten als „jeden Abend".

b Die irreale Zeitangabe „und so weiter durch Jahrtausende" (Z. 30 f.) betont die Unmöglichkeit, dass die Botschaft jemals ankommt.

5 a Erzählform: <u>Er-/Sie-Form</u>
Erzählverhalten: <u>auktorialer Erzähler</u>, der den Untertanen/Leser passagenweise mit „Du" anspricht
Folgende Bestimmung ist auch möglich: auktorialer Ich-Erzähler, der in der Du-Form einen inneren Monolog hält bzw. ein Selbstgespräch führt

b Die direkte Ansprache „Du" wirkt wie ein Hinweis an den Leser / die Leserin, dass es sich bei dem Erzählten um einen allgemeinen, auch ihn/sie betreffenden Sachverhalt handelt.

→ S. 8

6 **a/b**

sprachliches Mittel	Textstelle	Funktion/Wirkung
hypotaktischer Satzbau mit Einschüben (Parenthesen)	z. B. Z. 31–34	spiegelt den „endlosen", mit Widerständen besetzten Weg der Botschaft wider; albtraumhaftiges Element der ständigen Verzögerung
Metaphern	„kaiserlichen Sonne" (Z. 2 f.) „Schatten" (Z. 3) „Bodensatzes" (Z. 34) „kämpfen" (Z. 27) „durchmessen" (Z. 28)	positiv konnotierter Begriff, Betonung der für den Text zentralen Kontrastierung von Zentrum und Rand, gleichzeitig Kontrast zu den Untertanen als „Schatten" bzw. „Bodensatz" Betonung der Beschwerlichkeit und Weite des Wegs
räumliche Adjektive	„fernste" (Z. 3), „weit" (Z. 11), „hoch" (Z. 11), „groß" (Z. 20), „freies" (Z. 21), „innersten" (Z. 24), „äußersten" (Z. 32)	erzeugen räumlichen Eindruck der Distanz, dienen der kontrastiven Charakterisierung
Wiederholungen	„und gelänge ihm dies [...] und gelänge ihm dies" (Z. 25–27) „niemals, niemals" (Z. 32)	verdeutlichen die Hoffnungslosigeit des Unterfangens

7 b Die Konjunktive unterstreichen die Erfolglosigkeit des Boten bei seiner Aufgabe, die Botschaft zu überbringen.

Kontextualisierung

→ S. 10

1 a/b

„Eine kaiserliche Botschaft“	„Brief an den Vater“
„Kaiser“ (Z. 1)	„ungeheuer maßgebende Mensch“ (Z. 13), „Regierung“ (Z. 21), „Ausgeben der Befehle“ (Z. 21), „Deine Kraft“ (Z. 29 f.), „Deine Macht“ (Z. 37)
„Botschaft“ (Z. 5)	„was Du ihm sagtest“ (Z. 3 f.), „zuriefst“ (Z. 6), „Himmelsgebot“ (Z. 7), „das wichtigste Mittel“ (Z. 7 f.)
„winzig“ (Z. 2)	„niederdrückend“ (Z. 12)
„Untertanen“ (Z. 2), „Schatten“ (Z. 3)	„ich, der Sklave“ (Z. 16)
„in die fernste Ferne geflüchteten“ (Z. 3)	„Welt, die unendlich von meiner entfernt war“ (Z. 19 f.), „verkroch mich vor Dir“ (Z. 35), „so weit von Dir entfernt war, dass Deine Macht [...] nicht mehr hinreichte“ (Z. 36–38)

2 Mögliche Lösung:
Die Parabel thematisiert die misslingende Kommunikation in einer hierarchisch ungleichen und von Angst und emotionaler Distanz geprägten Beziehung.

1.2.2 Lyrische Texte

Erstes Textverständnis

→ S. 11

2 Mögliche Lösung:
V. 1–4: In alten Märchen wird von einem Zauberland erzählt.
V. 5–16: Das Zauberland wird als ein Ort der Harmonie in der Natur mit betörender Wirkung beschrieben.
V. 17–20: Das lyrische Ich sehnt sich danach, in das Zauberland zu kommen.
V. 21–24: Das Zauberland existiert nur im Traum.

→ S. 12

3 b Mögliche Lösung:
In Heines Gedicht „Aus alten Märchen winkt es“ geht es um die vergebliche Hoffnung, einen Zustand der Sorgenfreiheit und Harmonie zu erreichen.
Heines Gedicht „Aus alten Märchen winkt es“ thematisiert die romantische Vorstellung eines Lebens im Einklang mit der Natur und entlarvt diese als bloßen Traum.

Aspekte der Analyse

1 a Das lyrische Ich äußert sich in der fünften und sechsten Strophe über sich selbst (Z. 17–22).
b Mögliche Lösung:
V. 17–20: Das lyrische Ich erhofft sich von dem paradiesischen „Zauberland“ eine Befreiung von seiner Qual.
V. 21 f.: Das lyrische Ich träumt oft von diesem „Zauberland“.
c Mögliche Lösung:
Die Idee vom „Zauberland“ hält einer Betrachtung bei „Tageslicht“ nicht stand und büßt seine Wirkung ein.

→ S. 13

2 b Das Gedicht „Aus alten Märchen winkt es“ besteht aus sechs Strophen zu je vier Versen. Der Versfuß ist der Jambus. Jeder Vers weist drei Hebungen auf. Die Verse enden abwechselnd mit unbetonten und betonten Silben. Das Reimschema ist durchgehend der Kreuzreim. Ein Binnenreim findet sich in dieser Zeile: 3. Es handelt sich bei „Aus alten Märchen winkt es“ um diese Gedichtform: Lied.

3 Der Rhythmus ist ruhig, gleichmäßig und fließend und stimmt mit den inhaltlichen Aussagen der Strophen 1 bis 4 überein, in denen die Harmonie und Friedlichkeit des „Zauberlands“ beschrieben werden. Der melodische Rhythmus des Gedichts korrespondiert ebenfalls mit den Klängen, die in den Strophen 1, 3 und 4 beschrieben werden. Mit dem Inhalt der Strophen 5 und 6 – die unerfüllte Sehnsucht des lyrischen Ichs und seine Enttäuschung – korrespondiert der „friedliche", regelmäßig alternierende Rhythmus eher nicht. In Vers 21 wird der Rhythmus, passend zur inhaltlichen Wendung, durch den Ausruf („Ach!") unterbrochen.

4 **b/c**

Bild	Textstelle	mögliche Bedeutung
Personifikation	– „Blumen schmachten [...] Gesicht" (V. 5–8) – „Wo alle Bäume sprechen / Und singen" (V. 9 f.), „laute Quellen brechen [...]" (V. 11)	– „Hochzeit" der Natur, Harmonie, Liebe – Einheit von Natur und Kunst; beseelte Natur, die handelnd wirkt
Metapher	– „winkt es [...] Hand" (V. 1 f.) – Zauberland (V. 4), „Land der Wonne" (V. 21) – „Im goldnen Abendlicht" (V. 6)	– Die Märchen erfordern Beachtung. – Orte, an denen nicht die Gesetze des Alltags und der Vernunft gelten und die den Menschen verwandeln – Aufwertung der Zeit des Übergangs
Vergleich	– „wie ein Chor" (V. 10) – „wie Tanzmusik" (V. 12) – „Zerfließts wie eitel Schaum" (V. 24)	– gemeinsam, im Gleichklang – harmonisch, lebhaft – Der Traum ist flüchtig und leer.

5 **a** Das zentrale Wortfeld ist: Musik/Tanz.
b Mögliche Assoziationen: Harmonie, Wohlklang, Freude, Bewegung, Sinnlichkeit, Gemeinschaft, Freiheit

→ S. 14
6 **a** Mögliche Lösung:
„Das „Zauberland" steht für die Vorstellung von einem Leben in Harmonie, in dem Mensch und Natur eine Einheit bilden und die Menschen auch in der Liebe vollkommene Erfüllung finden. Das lyrische Ich kritisiert mit der letzten Strophe diese Vorstellung als wirklichkeitsfern und illusorisch.
b Mögliche Antworten: Klage, Sehnsucht, Kritik, Enttäuschung

Kontextualisierung

1 <u>inhaltliche Aspekte:</u> Darstellung der Natur als etwas Belebtes, Geheimnisvolles, Heilendes und Erlösendes; Traumwelt; Liebe; Märchen
<u>formale Aspekte:</u> (Volks-)Liedstrophe als Gedichtform; Motive „Abend/Nacht", „Sehnsucht" und „Liebe"; Zuschreibung der handlungsbestimmenden Verben zu Vorgängen der Natur (Personifikation)

2 V. 5: „schmachten" → übertrieben pathetisches Verb
V. 11: „laute Quellen brechen wie Tanzmusik hervor" → unpassender Vergleich, drastischer Ausdruck
V. 15 f.: „Bis wundersüßes Sehnen / Dich wundersüß betört!" → Übertreibung durch Wiederholung

3 Mit Blick auf die vorhandenen Ironiesignale und die Kritik in der sechsten Strophe spricht mehr dafür, dass es sich bei „Aus alten Märchen winkt es" um ein Gedicht über die Dichtung der Romantik handelt.

1.2.3 Dramatische Texte

Erstes Textverständnis

→ S. 16
2 Ferdinand versucht Luise zu einer gemeinsamen Flucht zu überreden, woraufhin Luise diesen Ausweg mit Hinweis auf die Konsequenzen ablehnt und Ferdinand erklärt, dass sie ihre Verbindung beenden müssen.

Aspekte der Analyse

→ S. 17
1 **a** Ferdinand und Luise sind einander in Liebe verbunden, werden aber daran gehindert zu heiraten.
b Der Präsident, Ferdinands Vater, hat den Eltern Luises gedroht, sie zu verhaften, falls die Beziehung aufrechterhalten wird. Ferdinand hat seinem Vater gedroht, ihn dann beim Fürsten als Mörder zu entlarven.

c Ferdinand entstammt der Welt des Adels, Luise dem Bürgertum. Beide sind durch das Verhältnis zu ihren Vätern und deren Welt geprägt. Verbindungen zwischen Adel und Bürgertum sind „unstandesgemäß".

d Luise liebt Ferdinand, fühlt sich aber zum Gehorsam gegenüber ihrem Vater verpflichtet, der gegen die Beziehung ist. Sie fürchtet Konsequenzen für ihre Eltern, die vom Präsidenten bedroht wurden.

2 Mögliche Ergänzungen zur Figurenkonstellation:
Luise → Ferdinand: *liebt ihn, löst die Verbindung;* Ferdinand → Luise: *liebt sie, will mit ihr fliehen;*
Präsident → Ferdinand: *befiehlt die Verbindung mit Lady Milford;* Ferdinand → Präsident: *droht, ihn zu verraten;*
Präsident → Vater Miller: *droht, ihn zu verhaften;* Lady Milford → Ferdinand: *will ihn heiraten*

→ S. 18

3 **a/b** Folgende Charaktereigenschaften können am Text belegt werden:
Ferdinand: emanzipiert (Z. 7 f.), passioniert (Z. 13–16, 25 f.), romantisch (Z. 15 f., 25 f., 32–34), fürsorglich (Z. 46), herrschaftlich (Z. 47–50), egoistisch (Z. 101), idealistisch (Z. 13–15, 25–34)
Luise: realistisch (Z. 1–3, 38 f.), ängstlich (Z. 18 f., 53–58), verantwortungsvoll (Z. 42–45, 74–78, 105), passioniert (Z. 62–65, 93), fürsorglich (Z. 108–110)

4 Ferdinand will mit Luise vor den gesellschaftlichen und väterlichen Zwängen fliehen. Dies belegen seine ersten beiden Äußerungen in der Szene, in denen er sich von den Vorschriften der Vaterwelt lossagt und verspricht, für die Liebe zu Luise in jeglicher Gegend der Welt leben zu können.

5 Ferdinands Position: Er schuldet seinem Vater wegen dessen Machenschaften keinen Gehorsam mehr.
Luises Position: Sie ist ihrem Vater und Ferdinand ist seinem Stand gegenüber verantwortlich. Dieser Pflicht nachzukommen, ist gewichtiger als ihre Liebe.

6 Zu Beginn des Gesprächs sind Ferdinand und Luise sich in Liebe zugewandt. Ferdinand versucht der verängstigten Luise mit seinem Plan von der gemeinsamen Flucht wieder Hoffnung zu machen. Luises Einwänden begegnet er zunächst mit ausführlichen Beteuerungen seiner Liebe und Schilderungen des künftigen Lebens. Erst als Luise zum zweiten Mal die notwendige Trennung erwähnt (Z. 59 f.), ändert sich die Stimmung. Diese Stelle kann als Wendepunkt der Szene angesehen werden: Ferdinand beginnt misstrauisch zu werden, missversteht Luises Pflichtbewusstsein als Ausrede und gerät in eine düstere und schließlich sehr aufgebrachte Stimmung. Am Ende der Szene verlässt er Luise im Zorn, ohne dass diese seinen falschen Verdacht entkräftet. Dem Gesprächsverlauf entsprechend verfügt Ferdinand bis zur Mitte der Szene über die meisten Redeanteile, fortan ist es Luise, die den überwiegenden Redeanteil hat, während Ferdinand sich nur noch knapp und erregt äußert.

→ S. 19

7 Mögliche Lösung:
Z. 4–52: lebhaft, Luise gefühlvoll zugewandt („sie umarmend", Z. 40; „fällt rasch ein", Z. 46)
Z. 61–82: in sich gekehrt, wütend („steht still und murmelt düster", Z. 61; „das Gesicht verzerrt [...]", Z. 69 f.)
Z. 83–86: aggressiv („zerschmettert das Instrument", Z. 85)
Z. 101 f.: fordert Luise ein letztes Mal zur Flucht auf („springt aus seiner Betäubung auf", Z. 101)
Z. 111–114: flieht in eifersüchtiger Stimmung („Geht schnell ab", Z. 114)

8 Als Höhepunkt kann der Moment angesehen werden, als Ferdinand die Violine zerstört (Z. 83–86). Dieses Handlungselement signalisiert, dass von nun an auch die Beziehung zwischen Ferdinand und Luise zerstört ist.

Kontextualisierung

→ S. 20

1 „Kabale und Liebe" ist ein Drama der klassischen Form. Es besteht aus fünf Akten, die ihre Funktion für die Gesamthandlung haben, und wahrt die Einheit von Ort, Zeit und Handlung. Szene III,4 ist Höhe- und Wendepunkt.

2 Ferdinand ist nun enttäuscht von Luises Ablehnung und misstrauisch gegenüber ihren wahren Gründen. Luise stellt ihr Pflichtgefühl klar über ihr persönliches Glück mit Ferdinand. Der Wendepunkt der Beziehung und zugleich des Dramas ist damit erreicht. Die Frage ist nun, wie Ferdinand auf die Zurückweisung reagieren wird.

1.3 Aufgabenarten

Aufgabenart 1: Analyse/Interpretation

→ S. 21

1 Zu erledigen sind die Schritte 1, 2, 3, 6, 8, 10, 11, 12.

2 **a** Da in der Aufgabenstellung ein Untersuchungsaspekt vorgegeben ist, bietet es sich an, das Gedicht nicht linear (Vers für Vers, Strophe für Strophe) zu analysieren/interpretieren, sondern die Deutungsthesen zu dem geforderten Aspekt (das Motiv „Liebessehnsucht") nacheinander jeweils anhand verschiedener Kriterien (z. B. Inhalt, formale Merkmale, sprachliche Gestaltung, Epochenbezug, Ironiesignale) zu entwickeln.

Aufgabenart 2: Vergleichende Analyse/Interpretation

→ S. 22

1 **a** Teilaufgabe 1: analysieren/interpretieren; Teilaufgabe 2: erschließen, vergleichen

b
1. die Parabel „Eine alltägliche Verwirrung" mit dem Schwerpunkt Raum- und Zeitdarstellung ausführlich analysieren/interpretieren
2. die Parabel „Eine kaiserliche Botschaft" knapp mit Blick auf wesentliche Merkmale analysieren
3. beide Parabeln unter dem Aspekt der Raum- und Zeitdarstellung vergleichen

2 Figur A möchte Figur B treffen, um ein wichtiges Geschäft abzuschließen. Trotz großen Bemühens gelingt es A wegen verschiedener Hindernisse und Missverständnisse jedoch nicht, B rechtzeitig zu treffen.

3 **a** Handlungsorte: H, zu Hause/Dorf, Haustor, A's Zimmer, Treppe; Zeitangaben: Z. 4, 8 f., 11 f., 13 f., 18 f., 20

b A benötigt für den gleichen Weg einmal zehn Minuten, einmal zehn Stunden und einmal nur „einen Augenblick". Die zeitlichen Hinweise zu B sind ähnlich paradox: B ist angeblich eine halbe Stunde vor A's Ankunft in dessen Dorf gegangen, laut Auskunft von Dorfbewohnern aber schon sehr früh am Morgen angekommen. Es erscheint merkwürdig, dass A und B sich zwischen den wenigen Orten verfehlen.

4 In beiden Parabeln sind die Angaben zu Raum und Zeit unrealistisch. Ebenfalls in beiden Texten scheint das, was scheitert (das Überbringen der Botschaft bzw. der Abschluss des Geschäfts) für eine der Figuren sehr wichtig zu sein, die der anderen unterlegen ist. Anders als in der Parabel „Eine kaiserliche Botschaft" findet sich in „Eine alltägliche Verwirrung" kein Kontrast zwischen Zentrum und Rand des Geschehens, was auf ein weniger starkes Machtgefälle deutet.

Aufgabenart 3: Literarische Erörterung

→ S. 23

1 Operatoren: Teilaufgabe 1: analysieren/interpretieren; Teilaufgabe 2: erörtern
Schlüsselbegriffe: Teilaufgabe 1: das Verhalten und die Absichten Ferdinands; Teilaufgabe 2: typischer Vertreter des Sturm und Drang, Merkmale der Literaturperiode, weitere Werke der Epoche

2 Zu streichen sind die Anforderungen 1 und 2.

3 Siehe Lösung zu Aufgabe 3 a/b, S. 18.

4 **a** „Literaturperiode innerhalb der Epoche der Aufklärung", „in Teilen aufklärerische Gedanken", „Emotion", „Affekt", „Gefühl", „Natur", „gegen die Normen des gesellschaftlich geregelten Lebens", „Geniegedanke", „rebelliert gegen [...] Autoritäten", „Liebes- und Freundschaftskult", „Freiheitspathos", „Patriotismus"

b Ferdinand tritt in der Szene III,4 als typischer Vertreter des Sturm und Drang auf: Er will die Gesetze und gesellschaftlichen Bedingungen überwinden und lässt sein „Herz" sprechen. Aspekte der übergeordneten Epoche der Aufklärung, die der Sturm und Drang ebenfalls aufgreift, zeigt die Figurendarstellung nicht.

5 Für die gestellte Aufgabe bietet sich ein linearer Aufbau an: Da sich Ferdinands Verhalten und Absichten überwiegend den Merkmalen der Literaturperiode zuordnen lassen, liegt es nahe, die Merkmale und Belege hierfür nacheinander anzuführen und die möglichen Einwände jeweils gleich zu widerlegen.

2 Epik

2.1 Basistraining: In fünf Schritten eine Kurzgeschichte analysieren/interpretieren

Erster Schritt: Die Aufgabenstellung verstehen

→ S. 25

1 Operatoren: 1. analysieren/interpretieren; 2. prüfen
Schlüsselbegriffe: 1. emotionale Situation der Ich-Erzählerin, ihre Beziehung zu ihrem Freund, erzählerische und sprachliche Gestaltungsmittel; 2. fünf ausgewählte Kriterien, Kurzgeschichte

2 Teilaufgabe 1: b, c, d
Teilaufgabe 2: c, d

Zweiter Schritt: Erstes Textverständnis und Ideen formulieren

→ S. 26

1 Mögliche Markierungen:
Gefühlslage der Ich-Erzählerin: Z. 25–33, 61–64, 71–76, 95–104, 108–111, 122–127, 132
Beziehung der Ich-Erzählerin zu ihrem Freund: Z. 9–17, 27–33, 50–55, 61–64, 67–69, 95–104, 108–111, 117–131
Erzählerische und sprachliche Gestaltungsmittel: Hier sind individuelle Lösungen möglich.
Vgl. zur Prüfung die Lösungen zu Aufgabe 2, S. 27, und Aufgabe 3, S. 29.

2 Mögliche Lösung:
Die Kurzgeschichte „Höhlentage" handelt von dem Scheitern einer Liebesbeziehung / von einer unglücklichen Liebesbeziehung, in der die beiden Partner sich auseinandergelebt bzw. sich in unterschiedliche Richtungen weiterentwickelt haben. Dabei spielt die Droge eine wichtige Rolle, die der Partner der Ich-Erzählerin während der so genannten „Höhlentage" konsumiert.

Dritter Schritt: Den Text analysieren/interpretieren und Merkmale der Textsorte prüfen

1 **a** Folgende Adjektive sind am Text zu belegen:
verärgert: Sie ist verärgert, weil er nicht verstehen will, dass er auch für sie und nicht nur für andere verantwortlich ist (vgl. Z. 95 f.).
unverstanden: Sie möchte mit ihm verreisen, eine Wohnung und ein Auto kaufen, doch er weist sie nur darauf hin, dass sie nicht so „kapitalistisch" sein soll (vgl. Z. 86–91).
unglücklich: Sie nimmt sich seit langer Zeit selbst zurück, weil sie ihn liebt (vgl. Z. 108 f.).
alleingelassen: Sie kann ihren Freund manchmal mehrere Tage lang nicht erreichen, auch wenn sie ihn brauchen sollte (vgl. Z. 78 f.).
hasserfüllt: Sie hasst es, dass ihr Freund das Marihuana raucht, und verabscheut dessen Geruch (vgl. Z. 110 f., Z. 124 f.).

→ S. 27

b Aussage 1 (Z. 78–80), Aussage 2 (Z. 27–29), Aussage 4 (Z. 61–64, 71–76), Aussage 5 (Z. 86–95), Aussage 7 (Z. 102–104, 122–127, 128–131)

2 **a/b**

rhetorische Figur	Textstelle	Funktion/Wirkung
Inversion/ Ellipse	„Während der Höhlentage verlässt niemand die Wohnung, und niemand kommt rein. **Auch ich nicht.**" (Z. 61–63)	Verdeutlichung, dass sogar sie als seine Freundin nicht in seine Wohnung kommen darf, was sie vermutlich sehr verletzt
Parallelismus	Dabei sage ich bloß: **„Lass uns abhauen! Lass uns mehr wollen!"** (Z. 86 f.)	Sie zeigt ihm, dass sie momentan nicht glücklich ist und mit ihm ein neues, anderes Leben beginnen will.

rhetorische Figur	Textstelle	Funktion/Wirkung
Metapher	„Du führst einen **Alltag auf Repeattaste.** Ich will aber nicht Zeitzeuge einer Warteschleife sein." (Z. 98 f.)	Sie will ihm verdeutlichen, dass er sich nicht weiterentwickelt und nichts verändern möchte, sie aber schon.
Anapher	„**Ich** möchte nicht [...] DVD schauen. **Ich** kann die Verschwörungstheorien deiner Freunde nicht mehr ertragen [...]. **Ich** könnte vor Wut auf deinen siffigen Flokati kotzen." (Z. 122–127)	Schließlich traut sie sich doch, ihm zu sagen, was sie empfindet und was sie möchte. Es sprudelt nur so aus ihr heraus.
Vergleich/ Metapher	**„Höhlentage sind Höllentage.** Liebe auch." (Z. 132)	Sie macht noch einmal deutlich, wie sehr sie es hasst, wenn er Drogen nimmt und sich in seiner Wohnung vor der Außenwelt verkriecht. Ihre Liebe macht es ihr schwer, ihn zu verlassen.

→ S. 29

3
- parataktischer Satzbau (vgl. z. B. Z. 86 f.): lässt die Aussagen der Ich-Erzählerin häufig sehr sachlich wirken, fast wie eine Aufzählung von Fakten
- häufige Verwendung des Verbs „sagen", wenn es um die Aussagen des Freundes geht (vgl. z. B. Z. 19, 48, 68, 86, 92, 95): Er erscheint dem Leser dadurch als sehr gelassen und nahezu emotionslos, vielleicht auch, weil er ihn nur durch die Augen der Ich-Erzählerin sieht, die das womöglich so empfindet.
- wenig Ausrufezeichen (vgl. lediglich Z. 55, 86 f., 90), welche die emotionale Gefühlslage der Ich-Erzählerin deutlicher machen würden, z. B., dass sie wütend ist und ihren Freund anschreit (vgl. Z. 96, 126)
- kaum Adjektive, welche die Gefühle der Ich-Erzählerin zu ihrem Freund und gegenüber ihrer Beziehung deutlicher machen würden (vgl. z. B. Z. 119–121)

Die sprachlichen Gestaltungsmittel stehen größtenteils im Kontrast zum Thema der Kurzgeschichte, denn sie lassen die Aussagen der Ich-Erzählerin sachlich und nüchtern wirken, wobei es inhaltlich doch eigentlich um eine höchst emotionale Situation geht: die problematische Beziehung zwischen der Ich-Erzählerin und ihrem Freund.

→ S. 30

4 **a** Erzählform: Ich-Form
Erzählverhalten: personal
Erzählperspektive: Innensicht der Ich-Erzählerin
Darbietungsformen: innerer Monolog, Figurenrede (vorrangig direkte Rede)
Verhältnis Erzählzeit / erzählte Zeit: zeitraffend

b
- Nur die Perspektive der Ich-Erzählerin wird dargestellt, sie kann nur erzählen, was sie wahrnimmt. Geschehnisse bzw. Reaktionen und Handlungen der Figuren können nur aus der Sicht der personalen Erzählerin wahrgenommen werden, was ihr nicht auffällt, findet keine Beachtung. Gedanken und Gefühle des Freundes bleiben für den Leser deshalb unklar.
- Erlebnisse der Ich-Erzählerin und einzelne Geschehnisse während der Beziehung zwischen ihr und ihrem Freund werden zusammengefasst wiedergegeben, andere werden ausgelassen. Der Leser gewinnt auch hier nur einen sehr subjektiv gefärbten Überblick aus der Sicht der Ich-Erzählerin.

6 Die Erzählung „Höhlentage" erfüllt alle fünf aufgeführten Kriterien einer Kurzgeschichte.

Vierter Schritt: Den Schreibplan erstellen und den Text schreiben

→ S. 31

1 Eine mögliche, sinnvolle Reihenfolge:

3/4 die erzählerischen Gestaltungsmittel und deren Wirkung in Bezug auf den zu deutenden Inhalt untersuchen
8 ein abschließendes Fazit formulieren
6 eine Überleitung zur Beantwortung der zweiten Aufgabenstellung formulieren
2 eine kurze Inhaltszusammenfassung erstellen
3/4 die Gefühlslage der Ich-Erzählerin sowie deren Beziehung zu ihrem Freund unter Berücksichtigung und Deutung sprachlicher Besonderheiten (rhetorische Mittel, Syntax etc.) erläutern
1 den Einleitungssatz mit Angaben zu Autorin, Titel, Textsorte, Erscheinungsjahr und Thema gestalten
5 die Analyseergebnisse des ersten Aufgabenteils in einem vorläufigen Resümee knapp zusammenfassen
7 die typischen Merkmale einer Kurzgeschichte anhand der Textvorlage herausstellen

→ S. 32 f.

2 Mögliche Lösung:

Die Kurzgeschichte „Höhlentage" von Nora Gantenbrink, erschienen im Jahr 2013, thematisiert eine problematische Paarbeziehung, in der sich die Partner auseinandergelebt und unterschiedliche Vorstellungen von der gemeinsamen Zukunft entwickelt haben, wobei die Droge Marihuana in diesem Konflikt eine große Rolle spielt.

Zu Beginn beschreibt die Ich-Erzählerin, wo ihr Freund sein Marihuana versteckt und dass er in der letzten Zeit die Vermutung hat, dass jemand sein „Gras" (Z. 1) klaue. Zudem geht sie darauf ein, wo sie beide sich kennengelernt haben und was ihr Freund beruflich macht. Daran anschließend zeigt sie auf, dass ihr Partner unter „Höhlentage[n]" (Titel) Ausgleichstage von den Wochenenddiensten im Behindertenheim versteht, an denen er sich in seiner Wohnung völlig von der Außenwelt abkapselt. Auf diese bereitet er sich zusammen mit seinem Freund Rölle sorgfältig vor, indem sie sich genügend Drogen, Computerspiele, Fast Food und Getränke besorgen.

Im weiteren Verlauf geht die Ich-Erzählerin nun genauer darauf ein, wie sie das Verhaltens ihres Freundes wahrnimmt, indem sie einerseits kritisiert, dass er keine Verantwortung ihr gegenüber übernehmen und nicht an ihrer beider Zukunft denken will. Andererseits macht sie aber auch deutlich, dass sie ihn für verständnisvoll und hilfsbereit hält. Es folgen Erläuterungen, in welchen sie deutlich macht, dass sie seinen Drogenkonsum missbilligt, weil er dazu führt, dass ihre Beziehung sich nicht weiterentwickeln kann. Sie zieht letztendlich den Schluss, dass es bloße Zeitverschwendung ist, weiter für eine Beziehung zu kämpfen, die unter diesen Umständen ohnehin zum Scheitern verurteilt ist.

Die emotionale Situation der Ich-Erzählerin sowie ihre Beziehung zu ihrem Freund lassen sich folgendermaßen umreißen: Das grundlegende Problem scheint darin zu liegen, dass die Ich-Erzählerin sich nicht traut, offen mit ihrem Freund über ihre Gefühle zu sprechen (vgl. Z. 27–29). Schon von Anfang an störte sie vieles an ihm. Bei ihrem Kennenlernen beschränkte sich dies scheinbar nur auf sein Äußeres, wie der von ihr angeführte Vergleich deutlich macht: „Du trugst Sandalen. Männer in Sandalen sind mir so zuwider wie Männer in kurzen Hosen. Kurze Hosen trugst du auch" (Z. 31–33). Im Lauf der Beziehung stören sie aber auch mehr und mehr seine Einstellungen und Verhaltensweisen: Beispielsweise fühlt sie sich durch die Tatsache, dass sie ihren Freund manchmal mehrere Tage nicht erreichen kann, alleingelassen, denn nach ihrem Verständnis von einer Beziehung sollte man jederzeit füreinander da sein (vgl. Z. 78 f.). Durch die Inversion „Auch ich nicht" (Z. 63) wird betont, wie sehr sie sich während der „Höhlentage" von ihm ausgeschlossen fühlt. Zudem folgt er ihr auch nicht, als sie bei den „Lagerkäufe[n]" (Z. 61) aus Ärger schließlich den Laden verlässt, da seine Besorgungen für die Ausgleichstage anscheinend wichtiger sind bzw. er gar kein Verständnis für ihr Verhalten aufbringen kann (vgl. Z. 71–76).

Gleichzeitig fühlt sich die Ich-Erzählerin unverstanden, da sie ihrem Freund ihrer Meinung nach zeigt, dass sie momentan nicht glücklich ist und mit ihm ein neues, anderes Leben beginnen will, was der folgende Parallelismus deutlich macht: „Lass uns abhauen! Lass uns mehr wollen!" (Z. 87). Sie will mit ihm verreisen, eine Wohnung oder ein Auto kaufen, er aber weist sie nur darauf hin, dass sie nicht so „kapitalistisch" (Z. 86) sein soll (vgl. Z. 86–91). Ihm ist der Besitz von Eigentum also egal, er interessiert sich mehr für seinen Neffen und seine Patienten als für ihre gemeinsame Zukunft (vgl. Z. 86–95). Das verärgert die Ich-Erzählerin sehr, weil ihr Lebensgefährte ihrer Meinung nach nicht verstehen will, dass er auch für sie und nicht nur für andere verantwortlich ist (vgl. Z. 95–97). Weiterhin will sie ihm durch die Metapher, er führe „einen Alltag auf Repeattaste" (Z. 98) verständlich machen, dass er sich nicht weiterentwickelt und nichts verändern möchte, sie „aber nicht Zeitzeuge einer Warteschleife sein [will]" (Z. 98 f.).

Sie sagt ihm schließlich, dass sie die Beziehung zu ihm unglücklich macht, weil sie sich „aus Liebe zu [ihm]" (Z. 109) ständig selbst zurücknimmt. Sie traut sich nun doch, ihm zu offenbaren, was sie wirklich empfindet, was unter anderem die folgende Anapher verdeutlicht: „Ich möchte nicht [...] DVD schauen. Ich kann die Verschwörungstheorien deiner Freunde nicht mehr ertragen [...]. Ich könnte vor Wut auf deinen siffigen Flokati kotzen" (Z. 122–127). Es stört sie also eigentlich fast alles, um das sich sein Leben zu drehen scheint. Da sie die Ursache für sein Verhalten vor allem in seinem Drogenkonsum sieht, ist sie mittlerweile von Wut erfüllt, wenn sie nur daran denkt, wie „dieses Kraut" (Z. 110) riecht und „alles umnebelt, verlangsamt, erlahmen lässt" (Z. 111).

Zum Schluss macht sie noch einmal deutlich, wie sehr sie es hasst, wenn er Drogen nimmt und sich in seiner Wohnung vor der Außenwelt verkriecht, indem sie die „Höhlentage" (Z. 132) mit „Höllentage[n]" (Z. 132) vergleicht. Ihre Liebe zu ihm macht es ihr allerdings so schwer, ihn zu verlassen, sodass sie auch diese mit den „Höllentage[n]" (Z. 132) assoziiert.

Zu den weiteren sprachlichen Besonderheiten gehört beispielsweise die häufige Verwendung der Pronomen „du" und „ich" anstatt „wir" (vgl. z. B. Z. 76–81), was die Behauptung untermauert, dass die Beziehung zwischen der Frau und ihrem Partner nicht glücklich ist, da das „wir" in einer Beziehung im Mittelpunkt stehen sollte, hier aber anscheinend keine Bedeutung (mehr) hat. Der vorwiegend parataktische Satzbau lässt zudem ihre Aussagen häufig sehr nüchtern klingen, fast wie eine sachliche Auflistung von unveränderbaren Fakten. Dies lässt darauf schließen, dass sie auf emotionaler Ebene bereits Abstand von der Beziehung genommen und sich damit abgefunden hat, dass diese nicht mehr zu retten ist (vgl. z. B. Z. 86 f.).

Da die Ich-Erzählerin häufig das Verb „sagen" verwendet, um Aussagen ihres Freundes wiederzugeben (vgl. z. B. Z. 19, 48, 68, 86, 92, 95), wirken diese sehr emotionslos, so als ob ihm nicht besonders viel an ihrer Beziehung läge. Dieser Eindruck wird natürlich subjektiv durch die Ich-Erzählerin geprägt, da der Leser den Partner wegen des durchweg personalen Erzählverhaltens ausschließlich aus ihrer Sicht wahrnimmt und sie dies so empfindet.
Es lässt sich also insgesamt feststellen, dass die emotionale Situation der Ich-Erzählerin überwiegend durch negative Gefühle geprägt ist, da sie sich über ihren Freund ärgert und sich unverstanden und von ihm alleingelassen fühlt. Die Beziehung zu ihm scheint zum Scheitern verurteilt zu sein, da sie unterschiedliche Vorstellungen von der Zukunft haben, unterschiedliche Ziele verfolgen und einfach nicht miteinander kommunizieren können.
Die zuletzt genannten weiteren sprachlichen Besonderheiten stehen größtenteils im Kontrast zum Thema der Kurzgeschichte, denn sie lassen die Aussagen der Ich-Erzählerin sehr sachlich und nüchtern wirken, wobei es inhaltlich doch um eine höchst emotionale Situation geht, nämlich die problematische Beziehung zwischen der Ich-Erzählerin und ihrem Freund. Die Auswahl der erzählerischen Gestaltungsmittel hat zudem zur Folge, dass nur die Perspektive der Ich-Erzählerin dargestellt wird, denn sie kann nur erzählen, was sie selbst wahrnimmt. Was ihr nicht auffällt, findet keine Beachtung. Die Gedanken und Gefühle ihres Lebensgefährten bleiben für den Leser deshalb unklar.
Standen im ersten Aufgabenteil vor allen Dingen inhaltliche und sprachliche Analyseaspekte im Vordergrund, so soll nun die vorliegende Textsorte im Fokus der Betrachtung stehen. Dabei wird anhand ausgewählter Kriterien untersucht, inwieweit es sich bei Gantenbrinks Text um eine „klassische" Kurzgeschichte handelt.
Hinsichtlich der äußeren Umfangsbegrenzung entspricht der vorliegende Text mit nur 132 Zeilen den Anforderungen an eine Kurzgeschichte. Auch ist ein unmittelbarer Einstieg in das Geschehen vorhanden, eine Einleitung, die über die Situation und die beteiligten Personen aufklärt, fehlt (vgl. Z. 1ff.). Ebenso bleibt der Ausgang offen, man erfährt nicht, ob sich das Paar nun tatsächlich trennt oder versuchen wird, die Beziehung zu retten (vgl. Z. 128–132). Typisch für Kurzgeschichten und auch im vorliegenden Textbeispiel zu erkennen ist ebenfalls die Tatsache, dass ein inneres Geschehen durch einen inneren Monolog wiedergegeben wird, wobei der Leser im Textbeispiel dadurch ausschließlich einen Einblick in das Innere der Ich-Erzählerin erhält und somit das Geschehen nur aus ihrer Sicht verfolgen kann (vgl. z. B. Z. 82–85). Zudem thematisiert die vorliegende Kurzgeschichte eine Alltagssituation, nämlich eine problematische Paarbeziehung zwischen Mann und Frau, die zu scheitern droht. Auch wird häufig Alltagssprache verwendet, wie folgende Aufforderung der Ich-Erzählerin an ihren Freund beispielhaft zeigt: „Lass uns abhauen!" (Z. 87). Weiterhin werden viele Andeutungen gemacht, beispielsweise denkt die Protagonistin darüber nach, ob sie „es" ihm sagen soll (vgl. Z. 28), was Raum für Interpretationen des Lesers lässt.
Anhand ausgewählter Kriterien konnte also aufgezeigt werden, dass es sich bei Gantenbrinks Text um eine klassische Kurzgeschichte handelt. Besonders hervorzuheben ist dabei die Alltäglichkeit der Thematik, nämlich eine zum Scheitern verurteilte Liebesbeziehung wegen fehlender Kommunikation, gegenseitigen Unverständnisses sowie unterschiedlicher Zukunftsvorstellungen und Lebensstile der beiden Partner.

2.2 Johann Wolfgang Goethe: Die Leiden des jungen Werthers – Vertiefende Übungen zu den Aspekten Erzähler und Sprache

Erstes Textverständnis

→ S. 34

1 Zum Lebensgefühl des Sturm und Drang gehören: Gefühlskult, Subjektivität, Individualität, Bruch mit gesellschaftlichen Normen. Dies spiegelt sich im Inhalt des Romans – Werthers leidenschaftliche Liebesschwärmerei für Lotte, die Unbedingtheit seiner Emotionen, die unkonventionelle Beziehung zu einer verlobten Frau, die Selbsttötung – und in der Form des Briefes als Medium der subjektiven und individuellen Gefühlsaussprache.

→ S. 35

2 **a** Der Brief markiert den Höhepunkt an Nähe, der zwischen Werther und Lotte besteht. Werther schreibt ihn, während Lottes Verlobter Albert noch abwesend ist.

b Vgl. Lösung zu Aufgabe 4, S. 36.

c Werther ist in Lotte verliebt und in einem Zustand äußerster Verwirrung und Erregung („schwindelig", Z. 6; „wie vom Wetter gerührt", Z. 12 f.). Seine grundsätzliche seelische Verfassung ist jedoch „Irrung und Finsternis" (Z. 29) bis hin zu Selbstmordgedanken (vgl. Z. 28).

d Mit den Formulierungen „Wenn ich mich jemals unterstehe" (Z. 13 f.), „Verderben" (Z. 16 f.) „zur Zeit, wo ich mir eine Kugel vor den Kopf schießen möchte" (Z. 27 f.) sowie „Die Irrung und Finsternis meiner Seele" (Z. 29) wird auf das künftige Geschehen – die unerfüllte Liebe und Werthers Selbstmord – vorausgedeutet.

3 Mögliche Lösung:
Dieser Brief Werthers verdeutlicht, dass sich Werther ein Wunschbild/Idealbild von Lotte macht.

Aspekte der Analyse

1 **a** Außer dem Datum enthält Werthers Brief keine weiteren typischen Gliederungsmerkmale eines Briefs. Der Adressat Wilhelm wird zwar angesprochen, aber nicht fragend oder kommentierend auf dessen Leben Bezug genommen.
b Der Brief hat für Werther – ähnlich wie ein Tagebucheintrag – die Funktion der Selbstvergewisserung. Er möchte seine momentane Situation zum Ausdruck bringen. Dabei geht es ihm mehr um seine Gefühle als um äußere Geschehnisse.

2 Erzählform: Ich-Form
Erzählverhalten: personal:
Innensicht/Außensicht: Innensicht Werthers
Erzählstandort: Werther ist als Ich-Erzähler Teil der erzählten Welt. Die Zeitpunkte des Erlebens und des Erzählens stimmen nahezu überein.

→ S. 36
3 Durch die personale Erzählweise in der Ich-Form in Werthers Brief erhält der Leser / die Leserin den Eindruck eines mündlichen Vortrags. Die Gefühle Werthers lassen sich intensiv miterleben, weil sie nicht durch eine erzählende Instanz vermittelt werden. Werthers Darstellung ist subjektiv, emotional und unmittelbar.
Ein Text in der Er-Form wird, auch wenn er personal erzählt und dafür eine Darbietungsform wie die erlebte Rede wählt, auf den Leser distanzierter wirken. Die Er-Form signalisiert den Leser/innen, dass es sich um einen Text über Werther, nicht von Werther handelt, und bewirkt damit eher, dass man das Verhalten Werthers und seine Beschreibungen kritisch reflektiert.

4 Mögliche Lösung:

Sprache	Textstelle / sprachliches Mittel	Funktion/Wirkung
Wortwahl, Schlüsselbegriffe	– gehäufte Verwendung von Pronomen in der 1. Person Singular (z. B. Z. 2: „mir“, „mein“; Z. 4: „Ich“) – „Kraft“ (Z. 5, 21), „Zauberkraft“ (Z. 25) – „mir wird's“ (Z. 6), „zur Zeit“ (Z. 27)	– Die Pronomen betonen den subjektiven Ausdruck. – Der Begriff „Kraft“ verdeutlicht Lottes Ausstrahlung. – Die Ausdrucksweise stimmt mit Merkmalen des mündlichen Ausdrucks überein und wirkt authentisch.
Besonderheiten des Satzbaus und der Interpunktion	– Häufung von Ausrufen, Interjektionen (vgl. Z. 2–4, 7, 13–16, 20–22, 26–28) – Satzabbrüche (Aposiopesen) (Z. 14) – Gedankenstriche	– Die Ausrufe unterstreichen Werthers aufgewühlte Stimmung. – Die unvollständigen Sätze und Gedankenstriche vermitteln Spontaneität und Ursprünglichkeit des Gefühls.
rhetorische Figuren	– Vergleiche („wie vom Feuer“, Z. 4 f., „wie vom Wetter gerührt“, Z. 12 f.) – Parallelismus („ich ziehe zurück [...], und eine geheime Kraft zieht mich wieder vorwärts“, Z. 4–6)	– Die Vergleiche mit der Reaktion auf Naturphänomene betonen die unwillkürliche Intensität von Werthers Gefühlen für Lotte. – Der parallelen Satzstellung korrespondiert die Übermacht von Werthers Gefühlen.

5 **a** „Unschuld“ (Z. 7), „Seele“ (Z. 7), „himmlische Atem“ (Z. 11), „diesen Himmel“ (Z. 14), „heilig“ (Z. 17), „Engel“ (Z. 21). Das zentrale Wortfeld ist: Heiligkeit.
b Werther beschreibt Lotte mit Begriffen aus dem Bereich des Sakralen und Religiösen. Er nimmt Lotte weniger als reale Frau wahr denn als Projektionsfläche seiner Sehnsucht nach etwas Höherem, Allumfassenden. Seine Wahrnehmung von Lotte gibt Aufschluss über seine psychischen Bedürfnisse, aber nicht über Lottes tatsächliches Wesen.

Kontextualisierung

→ S. 37

1 **a** Die Anlage als monoperspektivischer Briefroman unterstützt die Erzählstrategie der radikalen Subjektivität, die im Brief vom 16. Juli vermittelt wird: Die Leser/innen nehmen das ganze Geschehen konsequent aus der Sicht einer Figur wahr, ohne weitere Erzählstimmen (aus Antwortbriefen) zu hören, die Werthers Erlebnisse aus einer anderen Sicht schildern könnten. Dies bewirkt eine hohe Identifikation mit der Romanfigur.

b Ein monoperspektivisch angelegter Briefroman steht vor der Herausforderung, trotz der Bindung an einen einzigen Erzähler und dessen jeweilige Aufenthaltsorte das Gesamtgeschehen so abzubilden, dass es für die Leser/innen nachvollziehbar wird. Wichtige Informationen zu den Erlebnissen und dem Verhalten anderer Figuren müssen in Werthers Briefe Eingang finden, ohne dass dies den Eindruck der Unmittelbarkeit unterbricht. Darüber hinaus kann ein entscheidendes Handlungselement – Werthers Selbstmord – nicht von Werther selbst geschildert werden. Goethe lässt deshalb über „die letzten merkwürdigen Tage unsers Freundes" den fiktiven Herausgeber der Briefe auktorial in der Er-Form erzählen.

2 <u>Brief vom 21. Juni [1771]:</u> Die Übereinstimmung zwischen erzählendem und erlebendem Ich ist nahezu vollkommen (vergegenwärtigendes Präsens). Die gegenwärtige Glückserfahrung gilt auch im Hinblick auf die Zukunft („mit mir mag werden was will", Z. 3).
<u>Brief vom 3. November [1772]:</u> Hier ist die Erfahrung der Vergangenheit vollkommen in den Vordergrund getreten. Die Gegenwart wird nur noch als Verlust eines vergangenen Glücks begriffen: „nicht wieder" (Z. 11), „ehemals" (Z. 20), „keine [...] mehr" (Z. 25), „habe verloren" (Z. 28), „schuf" (Z. 30), „dahin" (Z. 31).

Zusammenführende Deutung

1 Mögliche Lösung:
Werthers enthusiastische Stimmung der beiden Briefe vom 21. Juni und 16. Juli schlägt in tiefe Depression um, wovon der Brief vom 3. November Zeugnis ablegt. Dieser Brief enthält auch den Schlüssel, um diesen Gefühlsumschwung zu verstehen: „Genug, dass in mir die Quelle alles Elendes verborgen ist, wie ehemals die Quelle aller Seligkeiten" (Z. 18–20). Sowohl Werthers Euphorie als auch seine Niedergeschlagenheit sind in erster Linie Ausdruck seines intensiven inneren Erlebens. Die beiden ersten Briefe schildern einen Zustand der Glückseligkeit. Werther beschreibt seine Einstellung Lotte gegenüber. Er empfindet die Nähe der geliebten Frau körperlich-sinnlich (Berührung der Hände und Füße, Sprechen/Mund, Singen, Musizieren). Dem Freund gegenüber versichert er, dass er seine Leidenschaft zügeln werde, weil Lotte ihm „heilig" (Z. 17) sei. Die stilisierte Verehrung zeigt, dass es sich nicht um ein gegenseitiges, von realistischen Erwartungen geprägtes Verhältnis handelt. Werther himmelt Lotte an. Sein Zustand äußerster Verwirrung und Erregung („schwindelig", Z. 6; „wie vom Wetter gerührt", Z. 12 f.) deutet aber schon auf seine Gefährdung hin („angreift", Z. 26 f.). Seine Befindlichkeit ist die der „Irrung und Finsternis" (Z. 29). Lotte befreit ihn davon. So groß ihr Einfluss ist – er könnte auch zerstörerisch wirken. Die Ambivalenz der Situation wird spürbar: Das Glück ist nicht ungetrübt, sondern weckt „Begier" (Z. 17), die (nur) in Lottes „Gegenwart" (Z. 18) „schweigt" (Z. 17). Die reine Gegenwart genügt Werther nicht – er erwartet mehr von dieser Beziehung, mehr Dauer, mehr Erfüllung (vgl. die erotischen Anspielungen). Die Übereinstimmung von erzählendem und erlebendem Ich zeigt erste Risse. Die Krisensymptome brechen vollends auf im Brief vom 3. November. Der Verlust von Lotte entfremdet das erzählende Ich vom erlebenden. Werthers Verzweiflung steigert sich zum Todeswunsch („nicht wieder zu erwachen", Z. 11 f.) Sein Empfinden ist abgestorben („dies Herz ist jetzt tot", Z. 24). Noch in diesem Zustand äußerster Bedrückung verklärt er Lotte zu der Inspirationsquelle („meines Lebens einzige Wonne", Z. 29, „heilige, belebende Kraft", Z. 29 f.), „mit der ich Welten um mich schuf" (Z. 30). Abermals wird deutlich, wie extrem ichbezogen sein leidenschaftliches Erleben ist und wie sehr Lotte als Projektion seiner weltabgewandten Innerlichkeit dient.

2.3 Heinrich von Kleist: Michael Kohlhaas – Vertiefende Übungen zu den Aspekten Figuren und Figurengestaltung

Erstes Textverständnis

→ S. 39

2 **a** Mögliche Unterstreichungen:
Unrecht, das Kohlhaas widerfährt: Z. 6–9, 15–20, 27 f., 80–84, 89–91
Kohlhaas' Reaktion: Z. 9–11, 28–30, 35–38, 50–61, 98–101

b Kohlhaas, über den gesagt wird, dass „sein Rechtgefühl [...] einer Goldwaage" gleicht (Z. 53 f.), befragt den Stallburschen und den Schlossvogt und beherrscht mehrfach seine Wut. Diese Beherrschung betont seine rechtschaffenen Charakterzüge. Dass er sich zu einem entsetzlichen Menschen wandeln wird, deutet sich subtil in seiner unterdrückten Wut und seinem verletzten Ehrgefühl an.

3 Mögliche Thesen:
In der Novelle wird thematisiert, wie ein rechtschaffener Mensch durch erlittenes Unrecht zu einem entsetzlichen Menschen werden kann.
Das Thema der Novelle ist das Verhältnis von Recht und Gerechtigkeit, von individuellem und gesellschaftlichem Rechtsanspruch.

Aspekte der Analyse

→ S. 40

1 **a** Mögliche Angaben zum Verhalten / der Beziehung der Figuren:
Kohlhaas → Schlossvogt: *verlangt eine Erklärung;*
Kohlhaas → Wenzel von Tronka: *verlangt eine Erklärung;* Wenzel von Tronka → Kohlhaas: *verhöhnt ihn;*
Kohlhaas → Junge: *verlangt eine Erklärung;* Junge → Kohlhaas: *sagt die Unwahrheit;*
Kohlhaas → Knecht: *sorgt sich um*

b Kohlhaas ist in dieser Situation isoliert.

2 **a/b** „auf das Äußerste entrüstet" (Z. 22) → hebt hervor, dass Kohlhaas Unrecht verurteilt
„verbiss jedoch, im Gefühl seiner Ohnmacht, seinen Ingrimm" (Z. 29 f.) → zeigt seine Beherrschung
„Es drängte ihn [...], noch nicht gewiss, ob eine Schuld seinen Gegner drücke" (Z. 51–56) → veranschaulicht Kohlhaas' Gerechtigkeitsgefühl und dass er sein Bedürfnis nach Rache (noch) unterdrückt
„in stiller Erwägung der Umstände" (Z. 58 f.) → verdeutlicht, dass Kohlhaas überlegt handelt

c Der auktoriale Erzähler verfügt über Einblick in Kohlhaas' Denken und Fühlen. Durch seine Beschreibungen und Kommentare wirkt die Reaktion der Hauptfigur auf den Vorfall objektiv gerechtfertigt („Chronik") und erscheint nicht als das Resultat einer bloß subjektiv empfundenen Kränkung.

3 **a** Mögliche Lösung:
Verhaltensweisen: reagiert besonnen und abwartend; Lebensumstände: Pferdehändler – der Verlust zweier wertvoller Pferde trifft ihn schwer; Einstellungen/Absichten/Motive: ausgeprägter Gerechtigkeitssinn, kein Hitzkopf, der zu Gewalt neigt, verlangt Wiedergutmachung; Gefühle: empfindet Wut und Demütigung, unterdrückt diese Gefühle aber; Gedanken: prüft die Sachlage kritisch; Verhältnis zu Mitmenschen: unterstellt anderen zunächst rechtschaffenes Verhalten

b Das differenzierte Bild von Kohlhaas, das die objektivierende, chronikartige Form des Erzählens von der Figur zeichnet, und der scharfe Antagonismus in der Figurenkonstellation steuern die Sympathie und Empathie des Lesers zugunsten des Titelhelden. Dies ist eine wichtige Voraussetzung dafür, dass Kohlhaas' späterer Rachefeldzug nicht vorschnell auf Ablehnung und Unverständnis stößt.

Kontextualisierung

→ S. 41

1 **a** „Vermessener" (Z. 12), „Heilloser" (Z. 16 f.), „Wolf der Wüste" (Z. 17 f.), „Sünder" (Z. 20), „Gottvergessener" (Z. 31), „Rebell" (Z. 39)

b Z. 14–18, 22–27, 38–40

Zusammenführende Deutung

1 Die beiden Textauszüge erklären die nur scheinbar widersprüchlichen Charakterzüge der Titelfigur. Der Kontrast zeigt, wie sich im Erzählverhalten (Sympathielenkung des Erzählers vs. Vorwürfe im Brief Luthers), der Figurendarstellung und -konstellation (Kohlhaas wandelt sich vom Opfer zum Täter; seine Widersacher sind nicht mehr die Täter, sondern Opfer) sowie in der Handlungsentwicklung (Kohlhaas' besonnenes Handeln weicht seinem entfesselten Rachefeldzug) das Bild des Titelhelden verändert. Kohlhaas' unbeugsames Gerechtigkeitsgefühl begründet die Unerbittlichkeit, mit der er später Vergeltung für das erlittene Unrecht sucht.

2.4 Franz Kafka: Der Prozess – Vertiefende Übungen zu den Aspekten Raum- und Zeitgestaltung

Erstes Textverständnis

→ S. 43

1 Mögliche Unterstreichungen:
Gerichtssaal: Z. 3–7, 35–37; Figuren: Z. 18–21, 30–32, 39–43; Atmosphäre: Z. 8, 16, 24 f., 55, 63, 70 f.

2 Die Darstellung unterläuft herkömmliche Erwartungen an einen Gerichtsprozess. Das Gebäude irritiert als ein Raum, in dem sich Öffentliches und Privates vermischen. Die Funktionen und Rollen der Anwesenden sind diffus, die Atmosphäre ist zugleich komisch und bedrohlich. Insgesamt erscheint das Gericht als rätselhafte, undurchschaubare und anonyme Macht, der Josef K. nicht entkommen kann.

Aspekte der Analyse

1 b Josef K. gerät zunehmend in den Strudel einer schicksalhaften Macht, deren Mechanismen und Logik er nicht durchdringt. Die Raumgestaltung verdeutlicht, wie sehr er das Opfer einer undurchschaubar waltenden Menschenmasse, klaustrophobischer Enge und chaotischer Abläufe ist.

→ S. 44

c Die Lichtverhältnisse symbolisieren das Bedrohliche für K. Die schwarze Kleidung der Anwesenden „beirrt[...]" ihn (Z. 32). Der Eindruck des Unheimlichen wird dadurch verstärkt, dass es nach oben hin nicht heller wird, wie man es symbolisch erwarten könnte, sondern dort ein „Halbdunkel, Dunst und Staub" (Z. 63) herrschen. Das Schwarz, das die Gerichtsatmosphäre durchdringt, steht im größtmöglichen Gegensatz zu dem Selbstverständnis des Rechtsstaates, Klarheit in einen Justizfall zu bringen.

2 a Das personale Erzählverhalten in der Er-Form bewirkt eine Perspektivierung und Subjektivierung des Dargestellten. Die durchgehende Beschränkung auf die Erlebnis- und Wahrnehmungsweise der Hauptfigur führt dazu, dass dem Leser / der Leserin keine Distanzierung von dem Undurchsichtigen und Geheimnisvollen ermöglicht wird. Dadurch empfindet er/sie Josef K.s Vereinzelung, Entfremdung und Hilflosigkeit unmittelbar mit.

b Gesteigert wird das Gefühl der Beklommenheit, des Ausgeliefertseins und des Unwirklichen dadurch, dass Erzählzeit und erzählte Zeit fast deckungsgleich sind (Zeitraffungen finden sich nur in Z. 45 f. und 59 f.), die Leser/innen erleben das Geschehen im Gerichtssaal dadurch gleichsam in Echtzeit.
Eine besondere Wirkung entfaltet das Verhältnis von innerer und äußerer Handlung: Obwohl in dem Textauszug fast ausschließlich das wahrnehmbare äußere Geschehen beschrieben wird, verschmilzt dieses durch den relativierenden Eingangssatz („K. glaubte [...] einzutreten", Z. 1) mit der inneren Handlung, d. h. den Gedanken K.s. Diese Unklarheit trägt zum Eindruck des Traumartigen und Unwirklichen bei.

c verzerrte Wirklichkeit, Fantastik: z. B. Z. 3–7, 10–15, 65–67
überzeichnete Figuren: z. B. Z. 19–21, 31 f., 39
scheinbare Logik surrealer Vorgänge: z. B. Z. 51–55, 68–74
Die verstörende, albtraumhafte Stimmung, die der Text erzeugt, ergibt sich aus der Erzählweise des Romans, die die Grenzen zwischen dem Realistischen und dem Fantastischen auflöst. Zum einen ist es die erzählte Wirklichkeit selbst, die verzerrt und verfremdet erscheint, insbesondere das Fehlen von Erklärungen und Kausalitäten für die rätselhaften Ereignisse, die Darstellung überzeichneter Figuren und unwirklicher Räume sowie der schwarze, groteske Humor. Zum anderen erinnert auch die Reaktion der Hauptfigur an die assoziative Logik eines Traums. Josef K. reflektiert zwar die Merkwürdigkeit der ihn umgebenden Wirklichkeit, unterwirft sein Verhalten aber deren Gesetzmäßigkeit.

3 a Der rätselhafte Prozess kann als Ausdruck verdrängter Gefühle wie Schuld, Angst, Bedrohung und Ungewissheit angesehen werden, dem das Individuum angesichts einer als undurchschaubar und sinnlos erfahrenen Welt schutzlos ausgeliefert ist.

b K.s Gefühle verdeutlichen ein Lebensgefühl, das von einem Verlust an Orientierung, von Entwurzelung, Entfremdung, Ich-Verlust und der Auflösung tradierter Ordnungen geprägt ist. Hierin verdichtet sich symbolisch eine Aussage über das „moderne" Lebensgefühl.

Kontextualisierung

→ S. 45

1 Der Romanschluss treibt die Absurdität des Gerichtsprozesses auf die Spitze. Weder die Räumlichkeit, noch das Personal, noch die Vollstreckung des Urteils entsprechen den gängigen Vorstellungen von Rechtsstaatlichkeit. Im Gegenteil: Die makabre Hinrichtung in einem Steinbruch erinnert eher an eine abgekartete Exekution im Gangstermilieu. Der letzte Satz des Romans formuliert die paradoxe Logik einer Scham, die selbst den Tod überdauert. Dieses Bild enthält das ganze Ausmaß der Demütigung, die Josef K. erleidet.

2 **a** Die Hilf- und Trostlosigkeit, mit der sich K. der anonymen und gnadenlosen Maschinerie des Prozesses ausgeliefert sieht, verdichtet sich in der Raum- (Steinbruch mit den Konnotationen „unbelebt", „lebensfeindlich", „hart") und Zeitgestaltung (Deckung von Erzählzeit und erzählter Zeit, Überlagerung von innerer und äußerer Handlung). Der Leser / die Leserin nimmt das Geschehen ganz aus der Perspektive des Verurteilten wahr und erlebt dessen Unverständnis und Verzweiflung dadurch hautnah.

b Auch das Schlussbild kann psychologisch als Ausdruck unbewusster Schuldkomplexe und verdrängter Ängste, die sich in Traumbildern kristallisieren, verstanden werden. Es symbolisiert damit „moderne" Erfahrungen von Orientierungslosigkeit, Sinnlosigkeit, Isolation, Fremdheit und Verunsicherung.

2.5 Basistraining: In fünf Schritten ein Thema literarisch erörtern

Dritter Schritt: Die Textvorlagen analysieren/interpretieren und eigene Argumente entwickeln

→ S. 48

1 <u>Aussagen Sophies und Kramers über die „METHODE":</u> Z. 51–54, 66 f., 70–76, 78–104, 113 f.
<u>Methoden der „METHODE":</u> Z. 2–6, 18 f., 23 f., 33 f., 75 f., 90–92

2

Textstelle	rhetorische Figur	Funktion/Wirkung
„,wissen Sie [...]? Wissen Sie [...]'"? (Z. 56–58)	Wiederholung, Parallelismus	Durch die Wiederholung wird die Dringlichkeit der Fragen betont.
„Im Gegensatz zu allen Systemen der Vergangenheit [...]." (Z. 79 f.)	Antithese	Die eigene Position wird durch die Abgrenzung von anderen profiliert.
„Wir brauchen keine verstiegenen Ideologien. Wir brauchen nicht einmal [...]." (Z. 81–83)	Parallelismus	Die parallele Satzstellung betont, wovon man sich unterscheidet.
„Es zeichnet jedes Tier und [...] erst recht den Menschen aus: Der unbedingte, individuelle und kollektive Überlebenswille." (Z. 88–90)	Sentenz	Die Aussage ist so formuliert, dass sie wie eine unumstößliche Wahrheit klingt.
„Zu diesem Zweck haben wir unseren Staat hochkomplex organisiert, komplexer als jeden anderen vor ihm." (Z. 95–97)	Chiasmus	Die eigene Leistung wird mit Hilfe eines kreuzweise angeordneten Vergleichs aufgewertet.
„Unsere Gesetze [...] vergleichbar dem Nervensystem eines Organismus." (S. 97–99)	Vergleich	Der Vergleich betont die „natürliche" Logik und die Perfektion des Systems.
„Das Störungsfreie, Fehlerlose, Funktionierende: Nichts anderes taugt zum Ideal." (Z. 113 f.)	Trias, Klimax	Die Steigerung von drei Begriffen verdeutlicht das angestrebte Ideal.

3 **b** Weitere Argumente:
Andere Staatssysteme benötigen Ideologien, Religion oder den Glauben an den Markt und die Volksherrschaft zur Legitimation. – Jeden Menschen zeichnet ein individueller und kollektiver Überlebenswille aus. – Gesundheit ist ein Synonym für Normalität.

4 <u>Der Argumenttyp ist:</u> normatives Argument

→ S. 49

5 <u>Intention der „METHODE":</u> Die Intention der „METHODE" ist es, einen totalitären Kontroll- und Überwachungsstaat zu errichten, der die Bedürfnisse der/des Einzelnen mit Hilfe euphemistischer Versprechen und einer ausgefeilten Rhetorik steuert.

3 Lyrik

3.1 Basistraining: In fünf Schritten ein Gedicht analysieren/interpretieren

Zweiter Schritt: Erstes Textverständnis und Ideen formulieren

→ S. 51

1 a/b

Mensch	Natur
„dicker" (V. 1), „schief herabgebückt" (V. 5), „schwatzend" (V. 6), „kriechen" (V. 6), „blonder" (V. 7), „verrückt" (V. 7), „klebt" (V. 9), „fetter" (V. 9), „weiches" (V. 10), „grauer" (V. 11)	„gefangen" (V. 2), „verbummelt" (V. 3), „bleich" (V. 3), „ausgegangen" (V. 4), „stolpert" (V. 8), „fluchen" (V. 12)

2 Mögliche Lösung:
Als ein besonderes Merkmal der sprachlichen Gestaltung ist zu nennen, dass einfache Satzkonstruktionen mit fast ausschließlich parataktischem, parallelem Satzbau verwendet werden.
Formal besonders auffällig ist das regelmäßig alternierende Metrum, das fast etwas „leiernd" wirkt.

3 Mögliche Lösung:
In dem Gedicht „Die Dämmerung" werden die Menschen als orientierungslos und krank in einer verrückt gewordenen Welt gezeigt. *Begründung:* Diese These wird durch die Wortwahl des Gedichts (z. B. „Lahme", „verrückt") und die Vielzahl an Beschreibungen unnormaler Situationen gestützt, die unverbunden nebeneinanderstehen. Dies kann als Endzeitstimmung bzw. als „Dämmerung" der Menschheit gedeutet werden.

Dritter Schritt: Den Text analysieren/interpretieren

→ S. 52

1 b Mögliche Lösung:
Der lyrische Sprecher schildert seine Beobachtungen im Präsens, wodurch sie alle gleich gegenwärtig erscheinen und sich simultan zu ereignen scheinen. Die Einzeleindrücke sind nicht aufeinander bezogen, sondern wirken zusammenhanglos.

2 a Anzahl Strophen: <u>drei</u>. Anzahl Verse je Strophe: <u>vier</u>.
Metrum: 5-hebiger <u>Jambus</u>. Reimschema: <u>Kreuzreim</u>.

b Das Gedicht „Die Dämmerung" weist nur an zwei Stellen (V. 3 f. und V. 5 f.) Enjambements auf. Somit überwiegt der Zeilenstil.

→ S. 53

3 a Anapher: „Der [...] / Der [...]" (V. 2 f.); „Ein [...] / Ein [...]" (V. 7 f.)
Parallelismus: „Ein Jüngling will [...]. / Ein grauer Clown zieht [...]." (V. 10 f.)
Personifikation: „Der Wind hat sich in einem Baum gefangen." (V. 2)

b Alliteration: „weiches Weib" (V. 10)
Hyperbel: „fetter Mann" (V. 9)
Metapher: „An einem Fenster klebt ein fetter Mann." (V. 9)
Metonymie: „Ein Kinderwagen schreit" (V. 12)
Oxymoron: „Ein grauer Clown" (V. 11)
Paradoxon: „Hunde fluchen" (V. 12)
Parataxe: „Ein dicker Junge spielt mit einem Teich. Der Wind hat sich in einem Baum gefangen." (V. 1 f.)

4 Weitere Beispiele für die Deutung des Wechselbezugs zwischen Inhalt und Form:

- Die konventionelle Form des Gedichts und sein gleichmäßiges, ruhiges Metrum stehen im Kontrast zu dem Eindruck von Skurrilität und Traurigkeit, der in den Beschreibungen entfaltet wird.
- Die Personifikationen (z. B. „Der Wind hat sich in einem Baum gefangen", V. 2, und „Der Himmel sieht verbummelt aus und bleich", V. 3) machen Naturereignisse zu Subjekten, die Gefühle von Betrübnis und Unzufriedenheit entwickeln können.
- Der Vergleich „Als wäre ihm die Schminke ausgegangen" (V. 4) lässt die Natur farblos erscheinen, was zu der Stimmung einer trostlosen Welt passt, die in dem Gedicht „Die Dämmerung" zum Ausdruck gebracht wird.

- Dagegen bewirkt die Metonymie „Ein Kinderwagen schreit“ (V. 12), dass ein menschliches Wesen auf ein Ding reduziert und wahrgenommen wird.
- Die Übertreibungen „schief“ (V. 5) und „fetter“ (V. 9) verstärken den Eindruck von Trostlosigkeit und lassen die Menschen krank erscheinen.
- Eine auffällige Besonderheit des Satzbaus ist dessen Schlichtheit und die Häufung von Hauptsätzen ohne Gebrauch von Konjunktionen. Dies unterstreicht die Vereinzelung der Sinneseindrücke, weil diese nicht logisch oder chronologisch miteinander verknüpft werden.

5 Mögliche Lösung:
Der Titel „Die Dämmerung“ lässt zunächst auf die Schilderung eines ruhigen, harmonischen Tagesausklangs schließen, was die regelmäßige Form des Gedichts auch suggeriert. Inhaltlich enttäuscht das Gedicht mit der Schilderung einer verzerrten, grotesken Realität jedoch unmittelbar diese Leseerwartung. Menschen und Natur werden als hässlich und krank dargestellt. Der Begriff Dämmerung ist vor diesem Hintergrund bildlich als eine Zeit des Übergangs und der Auflösung zu verstehen. Aufgelöst in viele unverbundene Einzeleindrücke scheint die Welt, die der lyrische Sprecher wahrnimmt. So wie die Dämmerung den Übergang von Tag zu Nacht darstellt, vermitteln die irrealen Bilder (vgl. z. B. V. 8) den Eindruck eines Übergangs bzw. der Verschmelzung von Realität und Traum. „Dämmerung“ bedeutet darüber hinaus, dass etwas zu Ende geht. Auch diese Deutungsebene des Untergangs und Verlusts deckt sich mit der negativen Grundstimmung des Gedichts.

Vierter Schritt: Den Schreibplan erstellen und den Text schreiben

→ S. 53

2 Sowohl der erste als auch der dritte Satz sind als Einleitungssätze geeignet. Der dritte Satz ist präziser, da er einen Begriff aus dem Text („verrückt“) zitiert.

→ S. 54

3 **a** Mögliche Lösung:
Die erste Strophe schildert eine merkwürdige Welt. Dies wird bereits im ersten Vers dadurch deutlich, dass der erwähnte Junge „mit einem Teich“ (V. 1) spielt, nicht aber mit einem Menschen bzw. einem gleichaltrigen Spielpartner. Des Weiteren wird die Natur als unglücklich geschildert. So erinnert die Personifikation des Windes an einen Winddrachen, der sich in einem Baum verfangen hat. Und auch die Darstellung des Himmels lässt Assoziationen zu einem Schauspieler aufkommen, dem es möglicherweise nicht gut geht.

3.2 Barock – Vertiefende Übungen zu den Aspekten Reim, Metrum, Strophen- und Gedichtform

Erstes Textverständnis

→ S. 55

1 **b** Mögliche Lösung:
Das lyrische Ich vergegenwärtigt sich angesichts des hereinbrechenden Abends die Nichtigkeit und Flüchtigkeit des irdischen Lebens, hofft aber auf ein Leben im Jenseits.

→ S. 56

2 Der Text der dritten und vierten Strophe erinnert mit der Hinwendung zu dem „höchste[n] Gott“ (V. 9) und der als Bitte formulierten direkten Ansprache an ein Gebet.

3 Mögliche Lösung:
<u>1. Strophe:</u> Ein Tag geht zu Ende: Mit Beginn der Nacht wirkt die Natur, die am Tag von Menschen und Tieren belebt wurde, verlassen und einsam und vermittelt ein Gefühl der Trauer. Das lyrische Ich beklagt, wie schnell der Tag vergangen ist.
<u>2. Strophe:</u> So wie der einzelne Tag wird auch das Leben des lyrischen Ichs, das aller anderen Menschen („du“, V. 7) und möglicherweise die Welt („was man siht“, V. 7) bald enden. Den Verlauf des Lebens vergleicht das lyrische Ich mit einer Rennbahn (vgl. V. 8), d. h., das Leben geht allzu schnell vorüber.
<u>3. Strophe:</u> Das lyrische Ich wendet sich an Gott und bittet ihn um Hilfe für ein gelingendes Leben: Gott möge das lyrische Ich vor den Gefahren und Verlockungen des irdischen Lebens bewahren und ihm nahe sein.
<u>4. Strophe:</u> Das lyrische Ich bittet Gott um Erlösung und um das ewige Leben.

Aspekte der Analyse

→ S. 57

1 Hinweis: Unterstreichung = Antithese, doppelte Unterstreichung = Parallele

Sonett

Quartett (*umarmender Reim*)

Mittelzäsur ↓

Der schnelle Tag ist hin / die Nacht schwingt ihre fahn / — a
Und führt die Sternen auff. Der Menschen müde Scharen — b
Enjambement
Verlassen feld und werck / Wo Thier und Vögel waren — b
Trawrt itzt die Einsamkeit. Wie ist die zeit verthan! — a

Quartett (*umarmender Reim*)

Jambus
Der pórt naht méhr und méhr sich / zú der glíeder Káhn. — a
Alexandriner
Gleich wie diß licht verfiel / so wird in wenig Jahren — b
Ich / du / und was man hat / und was man siht / hinfahren. — b
Diß Leben kömmt mir vor alß eine renne bahn. — a

Terzett (*Schweifreim*)

Parallele
Laß höchster Gott mich doch nicht auff dem Laufplatz gleiten / — c
Laß mich nicht ach / nicht pracht / nicht lust / nicht angst verleiten. — c
Dein ewig heller glantz sey vor und neben mir / — d

Terzett (*Schweifreim*)

Laß / wenn der müde Leib entschläfft / die Seele wachen / — e
Und wenn der letzte Tag wird mit mir abend machen / — e
So reiß mich auß dem thal der Finsternuß zu Dir. — d

2 **a** In den ersten beiden Strophen, den Quartetten, beschreibt und beklagt das lyrische Ich die Vergänglichkeit des Tages und des irdischen Lebens. In den kürzeren Strophen drei und vier, den Terzetten, erbittet das lyrische Ich von Gott Beistand im Leben und Erlösung im Jenseits. Die Form der Strophen korrespondiert also in der Abfolge mit einer Bewegung von der Betrachtung der Flüchtigkeit und Leere des diesseitigen Lebens hin zur Hoffnung auf einen Gott und auf Erlösung.

→ S. 58

b „Scharen" – „waren" (V. 2 f.) → Vergänglichkeit des Lebens
„Kahn" – „Bahn" (V. 5, 8) → Geschwindigkeit, in der das Leben verrennt
„in wenig Jahren" – „hinfahren" (V. 6 f.) → Vergegenwärtigung des nahenden Todes
„mir" – „Dir" (V. 11, 14) → Hinwendung des Sterblichen zu Gott

c Vers 7: Durch die Sprechpausen bei der Aufzählung wird die Vergänglichkeit allen Lebens betont.
Vers 10: Die Vielzahl der Gefahren des irdischen Lebens wird durch die Rhythmisierung hervorgehoben.
Vers 12: Die Sprechpause nach „Laß" betont die Intensität der Bitte.

Kontextualisierung

1 Gryphius' Gedicht „Abend" ist dem Memento-mori-Motiv zuzuordnen: Angesichts der Flüchtigkeit und Leere des Lebens (Vanitas) wird der Blick auf Tod und Jenseits gerichtet.

3.3 Romantik – Vertiefende Übungen zu dem Aspekt sprachliche Gestaltung

Erstes Textverständnis

→ S. 60

2 Das lyrische Ich befindet sich am Meer und gleichzeitig am Fuß eines Gebirges. Darüber hinaus wird ein Wald erwähnt. Diese Beschreibung des Ortes bringt Eigenschaften verschiedener Naturschauplätze zusammen, um die Aussagen des lyrischen Ichs zu unterstützen.

3 Mögliche Lösung:
Der Gliederung in drei Strophen entsprechen auch drei inhaltlich verschiedene Abschnitte:
In der ersten Strophe ruft das lyrische Ich die Nacht an und beschreibt dann die damit verbundene Ruhe und den Gesang eines Schiffers.
In der zweiten Strophe reflektiert das lyrische Ich die Vergänglichkeit und Einsamkeit seines Lebens und betont die tröstende und beruhigende Wirkung der Nacht angesichts dieser Gedanken.
Die dritte Strophe wiederholt zu Beginn die Anrufung der Nacht als tröstende Instanz. Das lyrische Ich wünscht sich, ausruhen zu dürfen, bis das „ew'ge Morgenrot" (V. 17) eintreten wird.

4 Mögliche Lösung:
Das Gedicht „Der Einsiedler" beschreibt die Gedanken und Empfindungen eines lyrischen Ichs, das müde und einsam Trost in der nächtlichen Natur findet und Erlösung ersehnt.

Aspekte der Analyse

→ S. 61

1 **a** Das Gedicht „Der Einsiedler" besteht aus drei Strophen mit je sechs Versen. Alle Strophen weisen mit dem Schema aab ccb das Reimschema Schweifreim auf. Das Metrum ist durchgehend alternierend. Der Versfuß ist der Jambus. Die Verse 1, 2, 4 und 5 jeder Strophe haben vier Hebungen und enden mit einer betonten Silbe (= männliche oder stumpfe Kadenz), die Verse 3 und 6 sind jeweils dreihebig und enden mit einer weiblichen (klingenden) Kadenz, d. h. mit einer unbetonten Silbe.
b Das Metrum wirkt harmonisch und beruhigend.

2 **a/c** Endreim: „[...] gehn / [...] stehn" (V. 7 f.) → Gleichklang, Harmonie
Alliteration: „Der Tag hat mich so müd gemacht" (V. 14) → Musikalität, Einprägsamkeit
Assonanz: „Gottes Lob" (V. 6) → Ruhe, Bedeutungstiefe
b „Gedankenvoll gesessen." (V. 12)

3 Die klanglichen Elemente vertiefen mit ihrer Wirkung die Aussage des lyrischen Ichs, dass es in der nächtlichen Natur Trost, Ruhe und Frieden findet.

4 Das Gedicht weist eine einfache Sprache auf, die gut verständlich ist. Die verwendeten Adjektive lassen sich überwiegend diesen Wortfeldern zuordnen: Stille/Ruhe („stille" [3x], „sacht", „[wander]müd" [2x], „einsam"), Mystik/Religion („wunderbar", „gedankenvoll", „ew'ge").

→ S. 62

5 **b**

rhetorische Figur	Textstelle	Deutung/Wirkung/Funktion
Personifikation	– „Trost der Welt, du stille Nacht / Wie steigst du [...]" (V. 1 f.) – „tratst du [...] zu mir" (V. 10)	– Nacht als handelnde Instanz, die Ruhe zu geben vermag – Nacht hebt die Einsamkeit aktiv auf
Vergleich	– „Die Jahre wie die Wolken gehn" (V. 7)	– Vergleich betont die Natürlichkeit des Älterwerdens und Vergehens
Metapher	– „das ew'ge Morgenrot" (V. 17)	– Bild für das Jenseits/Paradies, ein Zustand fortdauernden Beginns, Unverbrauchtheit

4 Drama

4.1 Basistraining: In fünf Schritten eine Dramenszene analysieren/interpretieren

Erster Schritt: Die Aufgabenstellung verstehen

→ S. 70

1 **a** 1. Aufgabenteil: analysieren/interpretieren; 2. Aufgabenteil: beurteilen
b 1. Dialoganalyse, 2. Figurenanalyse

2 1: das Thema der Dramenszene benennen
1: Konflikte analysieren, die zwischen den Figuren erkennbar werden
1: den Gesprächsverlauf erarbeiten
1: den Inhalt der Textstelle knapp zusammenfassen
0: den Schauplatz des Dramas untersuchen
2: den Zusammenhang zwischen der Figurendarstellung und der Aufklärung erläutern
2: die Aktualität des Dramas prüfen und begründen
1: den Textauszug in den Handlungszusammenhang einordnen
1: die charakterlichen Unterschiede zwischen den Figuren herausstellen
1: die Beziehung der Figuren erarbeiten
1: die Sprache der Figuren und deren Funktion für die Figurendarstellung erläutern
0: Möglichkeiten des weiteren Handlungsverlaufs skizzieren

Zweiter Schritt: Erstes Textverständnis und Ideen formulieren

1 Mögliche Lösung:
a Nathan wirkt auf mich sehr menschlich / sehr bemüht um die Gunst des Tempelherrn.
Bei dem Tempelherrn habe ich den Eindruck, dass er lernt, Vorurteile zu überwinden / dass er anfänglich sehr abweisend ist und dann einen Wandel vollzieht.
b Die Beziehung zwischen den beiden Figuren ist anfänglich sehr angespannt und entwickelt sich in der Folge zu einer Freundschaft.

→ S. 71

2 Mögliche Lösung:

Abschnitt	Inhalt des Abschnitts
1. Z. 1–80	Nathan möchte sich für die Rettung seiner Tochter bedanken und wird zunächst schroff zurückgewiesen.
2. Z. 80–140	Der Tempelherr wird unsicher und Nathan verwickelt ihn in ein Gespräch über religiöse Vorurteile.
3. Z. 141–168	Der Tempelherr erkennt seine Intoleranz und schließt Freundschaft mit Nathan.

3 Mögliche Lösung:
Der Dialog zwischen Nathan und dem Tempelherrn zeigt die Rolle von Vorurteilen und die Möglichkeit, sie zu überwinden. Nathan gelingt es im Verlauf des Gesprächs, den Tempelherrn davon zu überzeugen, dass Menschlichkeit und Toleranz höhere Werte darstellen als die bloße Religionszugehörigkeit.

4 Mögliche Ergänzungen:
Nathan appelliert an das Mitgefühl des Tempelherrn.
Er glaubt an die Veränderbarkeit und Lernfähigkeit des Menschen.
Er tritt für Menschlichkeit und Toleranz ein.
Er verfolgt ein Erziehungsideal und handelt moralisch.

5 Mögliche Lösung:
Vor dem Hintergrund der gegenwärtigen politischen Konflikte zwischen jüdischen, christlichen und muslimisch geprägten Staaten – besonders im Nahen Osten, zunehmend aber auch in Europa – sind Thema und Aussagen des Dramas „Nathan der Weise“ unverändert aktuell.

Dritter Schritt: Den Text analysieren/interpretieren

→ S. 72

1 Mögliche Lösung:

Nathan		*Tempelherr*
	Ausgangssituation	
will dem Tempelherrn für die Rettung seiner Tochter danken	→	*weist Nathan zurück, wertet die „menschliche" Seite seiner Tat ab und betont das Pflichtgemäße*
bietet Belohnung an	←	
	→	*lehnt zunächst ab; stellt dann aber in Aussicht, wegen eines neuen Mantels möglicherweise darauf zurückzukommen*
küsst den Mantel und weint	←	
	→	*ist gerührt und wechselt die Anrede zu „Nathan"*
	Entwicklung	
hebt das „Gute" im Verhalten des Tempelherrn hervor	→	*beruft sich wieder auf seine Pflicht als Tempelritter*
nennt die Unterschiede zwischen den Menschen äußerlich und plädiert für Toleranz	←	
	→	*beschuldigt die Juden des „Stolzes"*
	Ergebnis	
bietet dem Tempelherrn die Freundschaft an und verweist auf das Verbindende zwischen den Menschen	→	*nimmt das Freundschaftsangebot an*

2 **a/b**

Sprecher/Textstelle	rhetorische Figur	Wirkung/Funktion
Nathan: „Ein Jüngling wie ein Mann" (Z. 6)	Vergleich	Der Vergleich verdeutlicht, dass Nathan dem Tempelherrn mit Wertschätzung und Wohlwollen gegenübertritt.
Nathan: „Die Schale kann nur bitter sein: der Kern / Ist's sicher nicht." (Z. 8 f.)	Metapher	Die Metapher veranschaulicht, dass Nathan hinter einer rauen Fassade einen guten Menschen vermutet.
Nathan: „edler Franke" (Z. 10)	Aufwertung	Die Formulierung zeigt die große Achtung, mit der Nathan seinem Gegenüber entgegentritt.
Tempelherr: „Was, Jude? was?" (Z. 13)	Wiederholung („Was") und abwertende Anrede	Die mehrfache Wiederholung des Frageworts zeigt Ungeduld und Unwilligkeit des Tempelherrn und grobe Zurückweisung.
Nathan: „nicht so stolz, / Nicht so verächtlich" (Z. 18 f.)	Parallelismus	Mit dem Parallelismus wird betont, dass Nathan nicht vorschnell aufgibt und dass er das unhöfliche Verhalten des Tempelherrn tadelt. Nathan zeigt sich als Erzieher.
Tempelherr: „wenn's auch nur / Das Leben einer Jüdin wäre" (Z. 37 f.)	Einschränkungssatz	Die Einschränkung bringt die religiösen Vorurteile des Tempelherrn zum Ausdruck.
Nathan: „Groß und abscheulich!" (Z. 40)	Antithese	Die Antithese unterstreicht, wie sehr das widersprüchliche Handeln des Tempelherrn Nathan verwirrt.

4.3 Georg Büchner: Woyzeck – Vertiefende Übungen zu den Aspekten Handlungs- und Dialoganalyse

Erstes Textverständnis

→ S. 81

1 Mögliche Lösung:
Doktor: sieht in Woyzeck nur das Objekt seiner menschenverachtenden Experimente
Woyzeck: ist dem ihm unverständlichen Kauderwelsch des Arztes und seinen inhumanen Behandlungsmethoden hilflos ausgeliefert
Verhältnis zwischen Arzt und Patient: erinnert eher an das Verhältnis eines Wissenschaftlers zu einem Versuchskaninchen

Aspekte der Analyse

→ S. 82

1 **a/b** Mögliche Lösung:
Z. 1–5: Vorwurf des Doktos an Woyzeck, weil dieser auf der Straße Urin gelassen hat
Z. 6–15: nach Verteidigung Woyzecks Vortrag des Doktors über Freiheit und seine Forschung
Z. 15–27: erneuter Vorwurf des Doktors an Woyzeck, weil er nicht wie vereinbart Urin abgeben kann
Z. 28–44: Erklärungsversuche Woyzecks, Diagnose „Geistesstörung" vonseiten des Doktors
Z. 44–52: Fragen des Doktors nach Woyzecks Verhalten und weitere Anweisungen

2 Mögliche Lösung:
Der mittellose Soldat Woyzeck erscheint bei dem Doktor, dem er seit Längerem gegen Bezahlung für ein wissenschaftliches Experiment zur Verfügung steht. Der Doktor ist verärgert, weil Woyzeck keinen Urin abgeben kann, wie es vertraglich vereinbart ist. Der Doktor hält einen Vortrag über die menschliche Freiheit und seinen wissenschaftlichen Anspruch und erhebt Vorwürfe gegen Woyzeck, weil dieser kein Wasser lassen kann. Woyzeck ist vergeblich darum bemüht, sich zu erklären und verständlich zu machen. Der Doktor ist erst beschwichtigt, als er bei Woyzeck eine Geistesverwirrung bemerkt, die den Erfolg seines menschenverachtenden Experiments bestätigt. Daraufhin erinnert er Woyzeck an seine Verpflichtungen und Abhängigkeiten.

3 **a** Bis etwa zur Mitte der Szene ist die Handlung konfliktreich (Vorwürfe des Doktors, Verteidigungsversuche Woyzecks). In der Folge wird die Handlung harmonischer (der Doktor kommentiert wohlwollend Woyzecks Symptome). Der Schlussdialog ist konfliktfrei.
b Die Figur des Doktors agiert aktiv (Regieanweisung *„Tritt auf ihn los"* [Z. 22], Sprachhandlungen: Vorwurf, Aufforderung). Woyzeck agiert weitgehend passiv (Entschuldigungen, Erklärungen, gehorsame Antworten).

4

Untersuchungsaspekt	Doktor	Woyzeck
Redeanteil	größerer Anteil (34 Zeilen Text)	kleinerer Anteil (17 Zeilen Text)
sprachliche Auffälligkeiten	zynischer Fachjargon, teils grobe Ausdrucksweise, Ausrufe, Befehle	unsicher, sucht nach dem richtigen Ausdruck, Redeabbrüche, Fragen
Verhältnis von Sprache und Verhalten	Die wissenschaftlichen Fachausdrücke unterstreichen die Überlegenheit, die der Doktor Woyzeck gegenüber demonstriert, und die unmenschliche Behandlungsmethode.	Woyzeck ist materiell abhängig. Ihm fehlen die geistigen Möglichkeiten, sich der Unterdrückung sprachlich zu widersetzen und die Abhängigkeit zu durchschauen.
Gesamteindruck von der Figur	Karikatur eines Arztes	hilflos ausgeliefertes Opfer

→ S. 83

5 **a** Woyzeck ist die titelgebende Hauptfigur des Dramas, aber er entspricht nicht dem selbstbestimmt handelnden Helden der klassischen Tragödie. Er ist vielmehr das schwache und passive Opfer prekärer Lebensverhältnisse, deren Ursache er nicht begreift.
b An beiden Figuren kristallisiert sich die gesellschaftskritische Absicht des Dramas. Der Doktor repräsentiert die Institution der wissenschaftlichen Medizin, die ein Machtmittel der Herrschaftsausübung und Ausbeutung darstellt. Woyzeck steht stellvertretend für die Opfer des gesellschaftlichen Unterdrückungsapparats.

Kontextualisierung

1 Die Szene spitzt das Verhältnis zwischen dem Doktor und Woyzeck zu. Der Doktor ist Dozent und Experimentator, Woyzeck Versuchs- und Demonstrationsobjekt. Sowohl in der Weise, wie er seinen Patienten zur Schau stellt, als auch in seiner Sprache (er vergleicht ihn mit einer „Bestie“, Z. 14) zeigt sich die Unmenschlichkeit des Arztes.

2 Das Verhalten des Doktors verstößt in skandalöser Weise nicht nur allgemein gegen die Gebote der Menschlichkeit, sondern im Besonderen auch gegen das Berufsethos des Arztes, dessen Maßnahmen nach dem hippokratischen Eid ausschließlich dem Wohl („Nutzen“) des Kranken dienen dürfen, wobei ausdrücklich „diätetische Maßnahmen“ einbezogen werden und jede „Schädigung“ verurteilt wird.

4.4 Bertolt Brecht: Leben des Galilei – Gestaltend interpretieren

Den Text verstehen

→ S. 86

1 Die Streitfrage lautet: Gilt auch in der Astronomie immer noch die Autorität des Aristoteles oder soll man der Beobachtung trauen, die zu einem anderen Ergebnis kommt?

2

Position/Weltbild	Figuren	Argumente
Position 1: „Man muss seinen Augen trauen.“ Die Ansicht des Aristoteles ist durch Beobachtung („empirisch“) widerlegt. → heliozentrisches Weltbild	Galilei Federzoni Andrea	– Das geozentrische Weltbild / ptolemäische System führt z. T. zu falschen Berechnungen (Z. 9–15). – Das geozentrische Weltbild kann manches nicht erklären (Z. 15–17). – Das ptolemäische System wird durch Beobachtung widerlegt (Z. 17–21, 30 f., 68–70, 81 f.). – Belegbare Fakten müssen Vorrang vor dem Glauben an Autoritäten haben (Z. 114–123). – Die Beobachtungen sind Tatsachen.
Position 2: Die Ansicht des „göttlichen Aristoteles“ darf nicht in Frage gestellt werden, er ist die höchste Autorität. → geozentrisches Weltbild	Der Philosoph Der Mathematiker	– Die Theorie der „Alten“ (Z. 34), d. h. des „göttlichen Aristoteles“ (Z. 43 f., 58 f.) und der Schulbücher (Z. 99 f.), ist unumstößlich gültig. – Auf die Entdeckungen des Galilei kann aus der als Autorität anerkannten Theorie nicht logisch geschlossen werden (Z. 34–37). – Aus der Autorität der Theorie ergibt sich somit, dass neue Sterne nicht „nötig“ sind (Z. 43). – Die Autorität des Aristoteles ist eine Tatsache.

3 Der Wissenschaftsbetrieb, verkörpert durch den Philosophen und den Mathematiker, wird als fragwürdig, wenn nicht lächerlich dargestellt. Durch die leicht karikierende Darstellung werde diese Figuren in bloßstellender Weise vorgeführt. Dies hat zugleich etwas Erklärendes und Belehrendes: Brecht belehrt über autoritätsgläubige Engstirnigkeit (nicht nur im Bereich der Wissenschaft) und erklärt damit, warum neue Ideen trotz ihrer empirischen Begründung scheitern können.

4 Mögliche Unterstreichungen:
„Ich dachte mir, Sie schauen einfach durch das Fernrohr und überzeugen sich?“ (Z. 30 f.); „Die Gründe? Wenn ein Blick auf die Gestirne selber und meine Notierungen das Phänomen zeigen?“ (Z. 81 f.); „Meine Herren, der Glaube an die Autorität des Aristoteles ist eine Sache, Fakten, die mit Händen zu greifen sind, eine andere.“ (Z. 114–116); „Ich bin es gewohnt, die Herren aller Fakultäten [...]. Der Mann hatte kein Fernrohr!“ (Z. 128–134); „Die Wahrheit ist das Kind der Zeit, nicht der Autorität. [...] wenn wir endlich ein klein wenig weniger dumm sein können!“ (Z. 143–147).
Brechts eigene Auffassung von der Rolle der Wissenschaft für die Gesellschaft klingt vor allem am Ende des Auszugs an: Aufgabe der Wissenschaft ist es, Unwissenheit und Dummheit zu bekämpfen. Das macht sie insbesondere durch den Aufweis unbezweifelbarer Tatsachen.

Den Text gestaltend interpretieren

→ S. 87

1 **a** Galilei:
- die Besucher über die neuen Entdeckungen informieren
- die Irrtümer des ptolemäischen Weltbildes entlarven
- von der Richtigkeit der empirischen, auf Beobachtung beruhenden Wissenschaft überzeugen
- einen neuen Begriff von Wahrheit und Wissenschaft vermitteln

Der Philosoph:
- die neuen Entdeckungen in Frage stellen
- „Disput" (Z. 27) und „Diskussion" (Z. 141) als wissenschaftliche Mittel zur Wahrheitsfindung verteidigen
- verhindern, dass die überlieferten Autoritäten – der „göttliche Aristoteles" (Z. 58 f.) und die „Hohen Kirchenväter" (Z. 139 f.) – „in den Kot gezogen werden" (Z. 137 f.)

b Mögliche Lösung:
Galilei: ist sich der Stichhaltigkeit seiner Argumente sicher, ist angesichts der Unbelehrbarkeit und Unbeirrbarkeit seiner Besucher irritiert und verärgert („abgeschmackt", Z. 83), vielleicht auch belustigt
Der Philosoph: ist empört darüber, dass Galilei es wagt, die Autorität des Aristoteles anzuzweifeln, befürchtet Änderungen durch die neuen Entdeckungen, die Auswirkungen auf sein Leben haben könnten

2 Hinweise zum Verfassen der Monologe:
Wichtig ist, dass die inneren Monologe den Subtext der Szene entlarven. Es müsste deutlich werden, was die beiden Figuren tatsächlich denken und fühlen, im Dialog aber nicht offen aussprechen können. Es dürfte dabei vor allem um Fragen der Macht und des Machtverlustes gehen, die mit dem Durchbruch des neuen Weltbildes verbunden sind. Wenn die Erde nicht mehr Mittelpunkt des Universums ist, verlieren Kirche und Klerus und mit ihnen der Absolutismus, der sich als gottgewollt legitimiert, an Einfluss. Diesen Zusammen-hang könnte Galilei durchschauen und der Philosoph befürchten. Im Sinn der Dramenintention sollten die Monologe auch demonstrieren, welche der beiden Positionen eine größere Berechtigung für sich reklamieren kann.

3 Die beiden Monologe dienen zum einen dem Textverständnis, indem sie die beiden Positionen bewusst machen und voneinander abgrenzen, zum anderen einer vertieften Textdeutung, indem sie die wahren Motive und Absichten, die hinter der Figurenrede stehen, zum Vorschein bringen und damit die Textintention erschließen.

5 Film – Literaturverfilmung

Orson Welles: Der Prozess

Erstes Filmverständnis

→ S. 88

1 **Bild A**
Raum: überdimensionale Tür, Größenverhältnisse
Licht: Hell-Dunkel-Kontrast (Tür, Anzug)
Figur: dunkler Anzug, im Zentrum der unteren Bildhälfte, Körper vertikal, Blickrichtung horizontal, Arm diagonal

Bild B
Raum: Wendeltreppe, Industriegebäude, verfallen, verwinkelt
Licht: Wechsel von Licht und Schatten, düster
Figur: Anzug, linkes unteres Bildviertel, Blickrichtung entspricht Geländerachse

→ S. 89

2 Die Figur des Josef K. wirkt in den Räumen klein, verunsichert und desorientiert (er reicht kaum an die Türklinke heran, das Treppenhaus wirkt unübersichtlich). Die überdimensionale, helle Tür wirkt im Kontrast zur Filmfigur mächtig und bedrohlich, die Figur dadurch unterlegen und machtlos.Die Filmbilder entsprechen kaum den Vorstellungen möglicher Zuschauer von einem Gerichtsgebäude (= repräsentative, öffentliche Bauten). Insbesondere das düstere, verwinkelte Industriegebäude mit wechselnden Lichtverhältnissen hinterlässt keinen vertrauenswürdigen Eindruck.

3 Die bedrohlich großen und unübersichtlichen Räume und die Hell-Dunkel-Kontraste symbolisieren einerseits die Übermacht des Gerichts, welcher die Ohnmacht des Angeklagten gegenübersteht (Bild A). Andererseits wird die Undurchschaubarkeit des Prozessverlaufs in der Raumgestaltung offensichtlich (Bild B). Die fehlende Transparenz spiegelt sich in der Orientierungslosigkeit und Verunsicherung der Filmfigur wider. Die Raummetaphorik kann ferner auf ein traumhaft-unwirkliches Geschehen verweisen.

Aspekte der Analyse

→ S. 90

1 **a** **Filmisches Erzählverhalten**
Bild A: allwissende Kamera (auktorial) – Over-the-Shoulder-Shot (Aufnahme „über die Schulter“)
Bild B: allwissende Kamera (auktorial) – Durch die Perspektive wird das Geschehen um K. kommentiert.
Bild C: Die Kamera nähert sich der Perspektive K.s an, der Kamerablick deckt sich jedoch nicht mit K.s Blick.

b **Einstellungsgröße**
Bild A: Nah
Bild B: Halbnah/Amerikanisch
Bild C: (Halb-)Totale

2 Mögliche Lösung:
Die Kamera ist an die Handlung der Filmfigur gebunden (Bild A) und gibt die Befindlichkeit K.s wieder. Die gemeinsame Bewegung der Filmfigur und der Kamera bietet eine hohe Identifikationsmöglichkeit. Josef K. steht hier im Zentrum des Abbildungsinteresses. Dennoch löst sich die Kamera als Erzählerin von der Filmfigur.
Der Zuschauer erhält keinen Zugang zur Innensicht des Protagonisten. Merkmale objektivierender Aufnahmeverfahren („Über-die-Schulter“-Aufnahme, Kamerastandpunkt) verhindern insgesamt ein personales Erzählverhalten (keine subjektive Kamera).

→ S. 91

3 Mögliche Lösung:
Gebäude: Raumhöhe, abgestufte Emporen, Sitzreihen/Ordnung, Lichtverhältnisse/Hell-Dunkel-Kontraste, Podest, Tisch, Höhenunterschiede
Figuren: Menschenmassen, einheitliche Kleidung (Anzug), Rollenklarheit: Richter (?), Fokussierung auf K., Körperhaltung und Befindlichkeit K.s (Platzmangel)
Atmosphäre: Enge/Beklemmung, Bedrohung, Unüberschaubarkeit, scheinbare Ordnung (Sitzreihen, Kleidung) vs. Strukturlosigkeit (kein dem Angeklagten zugewiesener Platz, fehlende Rollenklarheit: Angeklagter), Irrationalität

4 **a** Bild A: Froschperspektive
Bild B: Froschperspektive
Bild C: Vogelperspektive

b Die Kamera löst sich im Verlauf der Bildfolge zunehmend von der Perspektive der Filmfigur und nimmt im dritten Filmbild einen beobachtenden, überschauenden Standpunkt ein. Aus der Froschperspektive wird in Bild A auch für den Zuschauer K.s Machtlosigkeit gegenüber einer undurchschaubar waltenden Menschenmasse spürbar. Bild B veranschaulicht die Beklemmung und Hilflosigkeit der Filmfigur angesichts der Undurchsichtigkeit und der fehlenden Ordnung des Gerichtsverfahrens (Platzmangel). Aus der Distanz betrachtet (Bild C) geht der Angeklagte in der Masse unter, integriert sich in diese (Kleidung, Perspektive).

→ S. 92

5 Folgende Aspekte können ergänzt werden:
Blickachse des Richters, weitere horizontale und vertikale Strukturen (Tisch, Emporen, Säulen, Blickachse der Zuschauer, Körperachse K.s), Lichtverhältnisse (nach oben hin dunkler).

6 **a** Innen- vs. Außenraum, menschenleere vs. überfüllte Räume, niedrige vs. hohe Decken, verwinkelte, enge vs. offene, weite, geradlinige Räume, verfallene vs. neue Fabrikgebäude

b Die Verschachtelung von Räumen, die Aneinanderreihung unterschiedlicher Drehorte ohne Rücksicht auf die Einheit des Raumes vermitteln den Eindruck undurchschaubarer räumlicher Verhältnisse, von Verwirrung, Desorientierung, Aufhebung von Logik und Kausalität, einer irrealen Welt.

→ S. 93

7 Die verhältnismäßig langen Einstellungen (bis zu 22 Sekunden) während K.s Anklagerede verstärken die Wahrnehmung der Menschenmassen, der klaustrophobischen Enge im überdimensionalen Gerichtssaal. Erst mit dem Tumult um das Liebespaar werden die Einstellungslängen deutlich kürzer (10 Schnitte in nur 14 Sekunden), wodurch die Beschleunigung der Handlung und der Aufruhr im Gerichtssaal für die Zuschauer erlebbar werden. Auffällig ist die Verknüpfung der Schnitte mit unterschiedlichen Kamerastandpunkten und Einstellungen. So erscheint vor allem der abrupte Wechsel der Kamerastandpunkte eher willkürlich. Kameraführung und Schnitttechnik erzeugen aufseiten des Zuschauers Orientierungslosigkeit und verweisen auf die Willkür und Intransparenz des Gerichts. Aufgrund der unmotivierten, verwirrenden Gegenschnitte erhält K.s Anklagerede keine gerichtete Aufmerksamkeit, ihre Relevanz für das weitere Gerichtsverfahren wird in Frage gestellt.

8 Die enorme Geräuschkulisse beim Betreten des Saals vermittelt dem Zuschauer ein Gefühl für die Raumgröße, die Menschenmassen und die chaotischen Begebenheiten im Gerichtssaal. Mit dem Abklingen der Geräuschkulisse gerät K. in den Fokus aller Anwesenden, diese Bedrohung wird auch für den Zuschauer wahrnehmbar. K.s Anklagerede wird vom Gelächter, Applaus und von anfeuernden Zurufen des Publikums begleitet, wodurch die surreale, bedrohliche Atmosphäre verstärkt wird. Auch der Aufruhr beim Auftritt des Liebespaars steht in Diskrepanz zur Erwartungshaltung des Zuschauers (Verhaltensordnung im Gerichtssaal) und verweist auf die chaotischen Verhältnisse und Abläufe, denen K. ausgesetzt ist.

9 Einerseits macht die Raumgestaltung (u. a. die Höhenwirkung des überfüllten Gerichtssaals, die nach oben hin dunkler werdenden Lichtverhältnisse, die vor allem in der Froschperspektive deutlich werdenden Höhenunterschiede) offensichtlich, dass Josef K. Opfer klaustrophobischer Enge, chaotischer Abläufe und eines undurchschaubaren, intransparenten Gerichtsverfahrens ist. Unterstützt wird diese Wahrnehmung durch die enorme Geräuschkulisse (vgl. Aufgabe 8) sowie die Kamera und Montagetechnik (vgl. Aufgaben 4 bis 7), die auch den Stellenwert der Rede K.s verdeutlichen, die letztlich ohne Konsequenzen bleibt. Andererseits zeigen u. a. das Zusammenspiel unterschiedlicher Kameraperspektiven (vgl. Aufgabe 4) und die Inszenierung der Figur im Raum (vgl. Aufgabe 5), dass K. auch als Mitläufer der herrschenden Verhältnisse wahrgenommen werden kann. So entsprechen beispielsweise Kleidung, Blick- und Körperachse K.s im Filmbild in Aufgabe 5 der durch den Bildaufbau vorgegebenen Ordnung. K. unterwirft sich den Strukturen, lässt sich auf den Prozess ein, wird selbst Teil des Systems. Die Blickachse des Richters hingegen fällt durch die diagonale Orientierung aus der Bildkomposition heraus. Hierin werden die undurchschaubaren Machtverhältnisse offensichtlich, das Gericht fällt selbst aus der Ordnung, lässt an Klarheit vermissen, entspricht keiner Logik. Die zahlreichen Schnitte und der Wechsel der Kameraperspektiven bewirken ein unklares Zeitempfinden, sodass nicht angegeben werden kann, wie lange der Prozess dauert, was ebenfalls die Undurchschaubarkeit des Gerichtsverfahrens unterstreicht.

Kontextualisierung

→ S. 94

1 b

Raumgestaltung/Atmosphäre	
„Der Prozess“ (Film)	**„Der Prozess“ (Roman)**
– übergroßer, fensterloser Gerichtssaal mit mehrstufiger Empore	– „mittelgroßes, zweifenstriges Zimmer“ (S. 42, Z. 3 f.)
– voll besetzte Galerie (sitzende Menschen)	– voll besetzte Galerie (gebückt Stehende) (Z. 4–7)
– Gedränge	– „durcheinanderwimmelnde[s] Gedränge“ (Z. 24 f.)
– Mittelgang zwischen geordneten Sitzreihen	– „schmaler Weg“ im Gedränge (Z. 25)
– schwarze Kleidung der Anwesenden	– schwarze Kleidung der Anwesenden
– schulterhohes Podest	– „sehr niedrige[s] […] Podium“ (Z. 36 f.)
– Enge auf dem Podest für K.	– „Er stand eng an den Tisch gedrückt“ (S. 43, Z. 70)
– beklemmende, drückende Atmosphäre	– „Luft zu dumpf“ (S. 42, Z. 8), „Halbdunkel, Dunst und Staub“ (Z. 63)
– surreale Atmosphäre (Gelächter, Applaus)	– surreale Atmosphäre (passim)

→ S. 95

4 b Mit dem selbstständigen Ablegen der uniformen Kleidung, der Verweigerung der Selbsttötung und dem höhnischen Verlachen der feigen Henker wird die Kollaboration mit den gegebenen Machtstrukturen aufgegeben. Widerstand als ein Ausweg aus der Passivität und dem Dasein als Mitläufer wird angedeutet, an eigenständiges Denken und Handeln appelliert.

Arbeitsheft
mit Lösungen

Literatur und Film:
Analyse, Interpretation und Erörterung

Texte, Themen und Strukturen

Deutschbuch für die Oberstufe

Herausgegeben von
Deborah Mohr und
Andrea Wagener

Erarbeitet von
Sonja Fuchs,
Alexander Joist,
Diana Sackmann und
Christoph Schappert

Cornelsen

1.1 Literarische Texte lesen und verstehen – Ein Modell

Info **Literarische Texte**

Literarische Texte sind – im Unterschied zu Sachtexten – **fiktionale** Texte, d. h., die Welt, die in literarischen Texten geschildert wird, ist erdacht und in sich abgeschlossen (selbstreferentiell).
Weitere Merkmale literarischer Texte sind:
- eine hohe semantische Verdichtung und Verknüpfung (Bezüge zwischen Textstellen),
- eine systematische Unbestimmtheit (bewusstes Aussparen von Informationen, Leerstellen, die mehrere Bezugsmöglichkeiten eröffnen),
- Poetizität und Mehrdeutigkeit (z. B. sprachliche Bilder, Andeutungen, Ironie).

Literarische Texte werden in die drei Großgattungen **Epik** (erzählende oder narrative Texte), **Lyrik** (Gedichte) und **Dramatik** (Theaterstücke) eingeteilt.
Bei der Behandlung von literarischen Texten im Deutschunterricht geht es um die **Analyse** ihres **Inhalts** und ihrer **sprachlichen Form** sowie um die **Deutung** der Analyseergebnisse in einer zusammenführenden **Interpretation.**
Sowohl die drei Großgattungen Epik, Lyrik und Dramatik als auch die einzelnen Textsorten zeichnen sich durch bestimmte Merkmale aus, die bei der Analyse und Interpretation berücksichtigt werden müssen.
Wegen der absichtlichen „Unbestimmtheit" gibt es bei literarischen Texten nicht nur die eine „richtige" Interpretation. Bei der Bewertung Ihrer Interpretation fällt daher ins Gewicht, inwiefern Ihre **Deutung** für andere plausibel und **nachvollziehbar,** also an den Merkmalen des Textes **belegbar** ist.

1 Woran können Sie beim Lesen eines Textes erkennen, dass es sich um einen literarischen, also fiktionalen Text handelt? Notieren Sie Aspekte, die Ihnen Hinweise darauf geben, in Ihren eigenen Worten.

____

____

____

2 a Welche der folgenden Textsorten lassen sich aus Ihrer Sicht eindeutig dem Bereich „literarische Texte" zuordnen? Unterstreichen Sie sie.

Satire | Sonett | historischer Roman
Kurzgeschichte | Dokumentationstheater
Naturgedicht | Fantasyroman
Autobiografie | Ballade | Tagebuch
Zeitungsbericht | Märchen

Jean Mosnier (1600–1656):
Allegorie der Literatur und des Lesens, 17. Jh.

b Warum halten Sie die Zuordnung bei den übrigen Textsorten für weniger eindeutig oder für falsch? Nummerieren Sie die Begriffe und begründen Sie jeweils kurz Ihre Entscheidung.

1. ______________________________

2. ______________________________

... ______________________________

____

Info **Literarische Texte verstehen und interpretieren**

Bei der Interpretation eines literarischen Textes können mit unterschiedlicher Gewichtung **Text, Autor/in, Kontext** und **Leser/in** in den Blick genommen werden. Folgende **methodische Ansätze** werden dabei unterschieden:

- Die **werkimmanente Methode** ist bemüht, die Aussage des **Textes** ohne äußere Informationen aus diesem selbst zu erschließen, indem sie die Analyse von **Inhalt und Struktur** aufeinander bezieht.
- Die **produktionsorientierte Methode** berücksichtigt für das Verständnis und die Interpretation die Erfahrungen des **Autors** als Urheber des Textes: Sie reflektiert z. B. den **biografischen Hintergrund** oder die **(literatur-) geschichtliche Epoche,** in welcher der/die Autor/in lebte und in welcher das Werk entstanden ist.
- Nach der **rezeptionsorientierten Methode** kommt den **Lesern** bei der Konstitution der Aussage eines Textes eine entscheidende Rolle zu: Leser aus unterschiedlicher Zeiten und Milieus füllen die „Leerstellen" literarischer Werke notwendig verschieden auf und sind damit gewissermaßen selbst Urheber.

In **Klausuren** steht bei der Analyse und Interpretation von literarischen Texten die **werkimmanente Methode** zunächst im Vordergrund. Das Einbeziehen von Kontexten zur Deutung ist dann erforderlich, wenn es die Aufgabenstellung ausdrücklich vorsieht. Hierzu werden zumeist weitere Texte oder Informationen angeboten.

Info **Literarische Kommunikation in Erzähltexten**

Nach einem Grundmodell literarischen Erzählens konstruiert der/die **Autor/in** eine **Geschichte.** Zu dieser Konstruktion gehört auch der **Erzähler,** der das Geschehen dem **impliziten Leser** vermittelt, d. h. dem Lesepublikum, das der Autor sich beim Schreiben mehr oder weniger bewusst vorstellt. Der **reale Leser** ist die Person, die das Werk tatsächlich liest. Dieser reale Leser ergänzt mit seiner Vorstellungskraft und seinem Vorwissen das, was in der Geschichte nicht ausgeführt wird oder mehrdeutig ist.

3 a Ergänzen Sie die vier Lücken in der Grafik mit passenden Fachbegriffen aus den oben stehenden Infokästen.
b Informieren Sie sich gegebenenfalls über Begriffe, deren Bedeutung Ihnen noch unklar ist.

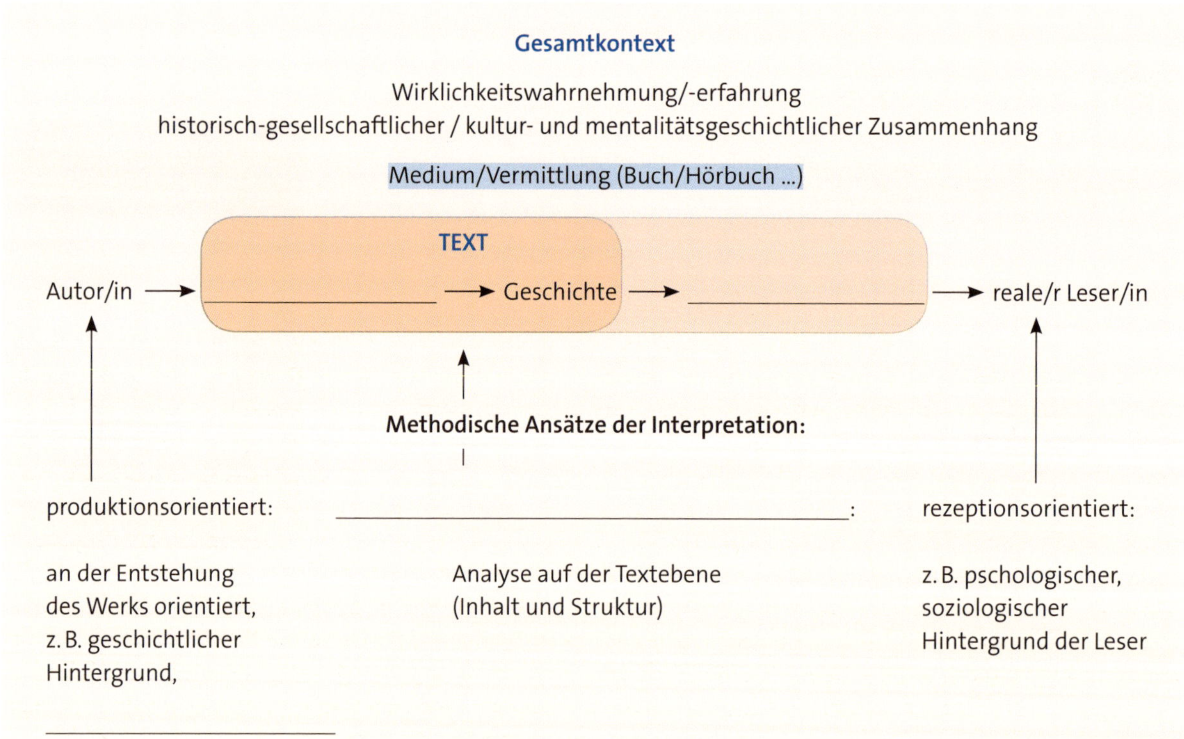

4 In einer literaturwissenschaftlichen Interpretation wird die religiöse Prägung einer Autorin während ihrer Kindheit zur Deutung eines ihrer Texte herangezogen. Welchem methodischen Ansatz lässt sich die Interpretation zuordnen?

☐ rezeptionsorientierte Methode ☐ werkimmanente Methode ☐ produktionsorientierte Methode

1.2 Grundlagen der Methodik des Analysierens und Interpretierens

1.2.1 Epische Texte

Info **Epik**

Unter **Epik** versteht man alle Formen der **erzählenden Literatur.** Die Epik umfasst verschiedene Textsorten. Man unterscheidet zwischen Großformen wie Roman und Epos und kürzeren Formen wie z. B. Novellen, Kurzgeschichten, Märchen und Parabeln. Das entscheidende gattungsspezifische Merkmal, das die Epik von Lyrik und Dramatik trennt, ist der **Erzähler,** der nicht mit dem Autor verwechselt werden darf. Es handelt sich bei dem Erzähler um eine vom Autor erfundene **Instanz,** über die sowohl das äußere Geschehen als auch das innere Geschehen der Figuren **vermittelt** wird. Deshalb ist bei der Analyse und Interpretation epischer Texte neben der Untersuchung von Inhalt und sprachlicher Gestaltung der Blick insbesondere auf die Merkmale und die Wirkung der **Erzählweise** zu richten.

In diesem Kapitel lernen Sie zentrale Aspekte bei der Untersuchung epischer Texte am Beispiel der Parabel „Eine kaiserliche Botschaft" von Franz Kafka (1883–1924) kennen: Handlung, Figuren, Raum und Zeit, Erzählstrategie und sprachlich-rhetorische Mittel. Vertiefende Übungen zu den einzelnen Aspekten finden Sie ab S. 24.

1 Welche Erwartungen weckt der Titel „Eine kaiserliche Botschaft" bei Ihnen im Hinblick auf den Inhalt des Textes? Notieren Sie Stichpunkte zu möglicherweise vorkommenden Figuren und Orten und zur Handlung.

Figuren

Handlung

Eine kaiserliche Botschaft

Orte

Franz Kafka: **Eine kaiserliche Botschaft** (1919)

Der Kaiser – so heißt es – hat Dir, dem Einzelnen, dem jämmerlichen Untertanen, dem winzig vor der kaiserlichen Sonne in die fernste Ferne geflüchteten Schatten, gerade Dir hat der Kaiser von seinem Sterbebett aus eine Botschaft gesendet. Den Boten hat er beim Bett niederknien lassen und ihm die Botschaft ins Ohr zugeflüstert; so sehr war ihm an ihr gelegen, dass er sich sie noch ins Ohr wiedersagen ließ. Durch Kopfnicken hat er die Richtigkeit des Gesagten bestätigt. Und vor der ganzen Zuschauerschaft seines Todes – alle hindernden Wände werden niedergebrochen und auf den weit und hoch sich schwingenden Freitreppen stehen im Ring die Großen des Reichs – vor allen diesen hat er den Boten abgefertigt. Der Bote hat sich gleich auf den Weg gemacht; ein kräftiger, ein unermüdlicher Mann; einmal diesen, einmal den andern Arm vorstreckend schafft er sich Bahn durch die Menge; findet er Widerstand, zeigt er auf die Brust, wo das Zeichen der Sonne ist; er kommt auch leicht vorwärts, wie kein anderer. Aber die Menge ist so groß; ihre Wohnstätten nehmen kein Ende. Öffnete sich freies Feld, wie würde er fliegen und bald wohl hörtest Du das herrliche Schlagen seiner Fäuste an Deiner Tür. Aber statt dessen, wie nutzlos müht er sich ab; immer noch zwängt er sich durch die Gemächer des innersten Palastes; niemals wird er sie überwinden; und gelänge ihm dies, nichts wäre gewonnen; die Treppen hinab müsste er sich kämpfen; und gelänge ihm dies, nichts wäre gewonnen; die Höfe wären zu durchmessen; und nach den Höfen der zweite umschließende Palast; und wieder Treppen und Höfe; und wieder ein Palast; und so weiter durch Jahrtausende; und stürzte er endlich aus dem äußersten Tor – aber niemals, niemals kann es geschehen –, liegt erst die Residenzstadt vor ihm, die Mitte der Welt, hochgeschüttet voll ihres Bodensatzes. Niemand dringt hier durch und gar mit der Botschaft eines Toten. – Du aber sitzt an Deinem Fenster und erträumst sie Dir, wenn der Abend kommt.

Erstes Textverständnis

1 Lesen Sie die Parabel „Eine kaiserliche Botschaft" (► S. 5) zweimal langsam und sorgfältig. Markieren Sie dabei Stellen, die Ihnen auffällig oder bedeutsam erscheinen oder die Fragen aufwerfen.

2 Formulieren Sie Ihre erste Vermutung zur Aussage des Textes in Form einer Deutungsthese.

Kafkas Parabel veranschaulicht ____________________

____

Aspekte der Analyse

1 Verschaffen Sie sich zunächst einen Überblick über die Struktur der Parabel:
a Teilen Sie den Text in fünf Sinnabschnitte. Notieren Sie zu jedem Abschnitt eine Überschrift.
b Formulieren Sie eine kurze Inhaltsangabe in Ihrem Kursheft.

1. Z. 1 – : ____________________

2. Z. – : ____________________

3. Z. – : ____________________

4. Z. – : ____________________

5. Z. – : ____________________

Info **Figuren – Direkte und indirekte Charakterisierung**

Hinweise auf die Eigenschaften einer **Figur** erhält man einerseits aus Textstellen, in denen der Erzähler oder andere Figuren **direkt** Aussagen über sie machen, und andererseits aus Textstellen, in denen die Figur durch ihr Verhalten, durch eigene Äußerungen oder durch einen sprechenden Namen **indirekt** charakterisiert wird.

2 Untersuchen Sie die Darstellung der Figuren in „Eine kaiserliche Botschaft" und ihre Beziehung zueinander:
a Unterstreichen Sie im Text (► S. 5) alle Figuren, die erwähnt werden.
b Erschließen Sie aus den folgenden Textstellen, in denen der „Untertan" („Du") direkt oder indirekt beschrieben wird, Eigenschaften, die die Figur charakterisieren. Notieren Sie passende Adjektive.

„dem Einzelnen" (Z. 1) → __________

„dem jämmerlichen Untertanen" (Z. 1 f.) → *unterlegen*

„winzig" (Z. 2) → __________

„in die fernste Ferne geflüchteten Schatten" (Z. 3) → __________

„sitzt an Deinem Fenster" (Z. 36) → __________

„erträumst sie Dir" (Z. 36 f.) → __________

c Beschreiben Sie die Beziehung zwischen dem Untertanen und dem Kaiser in Ihrem Kursheft. Sie können dabei auf die unten stehenden Wörter und Wortgruppen zurückgreifen.

Unwissenheit • bald sterbender Herrscher • wünscht Ankunft der Botschaft • Machtgefälle • „Schatten" • durch Botschaft verbunden • Untertan • Wissen • kontrastiert • „fernste Ferne" • „Sonne" • unmöglich

Info **Raum- und Zeitgestaltung in Erzähltexten**

Der **Raum** in einem Erzähltext ist nicht einfach der zufällige Ereignisort. Er erhält z. B. über seine reine Gegenständlichkeit hinaus Bedeutung, indem er mit den **Gefühlslagen und Stimmungen** der Figuren oder mit dem Handlungsverlauf korrespondieren kann. So kann die **Atmosphäre** einer Landschaft die Dramatik der Handlung unterstreichen oder auch als **„Seelenlandschaft“** das Lebensgefühl einer Figur spiegeln.

Im Hinblick auf die **Zeit** lassen sich verschiedene Aspekte untersuchen:
- Ist die Geschichte **historisch verortet,** lässt sie sich also klar erkennbar einer historischen Situation zuordnen? Welche Bedeutung hat diese Situation für das erzählte Geschehen?
- Wie ist das Verhältnis von **Erzählzeit** (Zeit, in der die Geschichte erzählt bzw. gelesen werden kann) und **erzählter Zeit** (Zeitraum, in dem sich das erzählte Geschehen abspielt) gestaltet?
- Wird kontinuierlich im Sinn der zeitlichen Abfolge erzählt oder diskontinuierlich? Gibt es **Vorausdeutungen** und **Rückblenden?**

3 a Ermitteln Sie, an welchen Orten sich die Figuren aufhalten, und notieren Sie sie in der mittleren Tabellenspalte.

Figur	Ort/Raum	mögliche Bedeutung des Ortes
Kaiser		
Bote		
Untertan		

b Visualisieren Sie in einer Zeichnung in Ihrem Kursheft das räumliche Verhältnis der Standorte der Figuren.
c Welche Bedeutung kommt den Orten zu? Ergänzen Sie Ihre Vermutungen in der rechten Tabellenspalte.

4 a Prüfen Sie, inwiefern sich bei dem Text „Eine kaiserliche Botschaft“ ein Zeitraum angeben lässt, in dem das Geschehen spielt. Berücksichtigen Sie dabei die verwendeten Zeitformen und den letzten Satz der Parabel.
b Erläutern Sie die Funktion der Zeitangabe „und so weiter durch Jahrtausende“ (Z. 30 f.). Schreiben Sie im Heft.

Info **Erzählstrategien**

Man unterscheidet bei den **Erzählformen** die Ich-Form und die Er-/Sie-Form.
Die Erzähler können sich dabei auktorial, neutral oder personal verhalten:
- Bei **auktorialem Erzählverhalten** steht der Erzähler außerhalb des Geschehens. Er ist allwissend und allgegenwärtig und kennt alle Zusammenhänge. Er macht sich u. a. bemerkbar durch Urteile, Reflexionen, Leseranrede oder Vorgriffe auf künftiges Geschehen. Er kann Zustimmung oder Kritik ausdrücken (Erzählhaltung).
- Der **personale Erzähler** schlüpft in eine oder mehrere Figuren und erzählt aus deren Sicht. Der Erzähler weiß nicht mehr und sieht nichts anderes als die Figur, deren Sicht er gewählt hat. Er steht im Geschehen.
- Der **neutrale Erzähler** tritt völlig zurück und erzählt mit Distanz, ohne Stellung zu beziehen.

Man unterscheidet folgende **Darbietungsformen** des Erzählens:

Der Erzähler behält das Wort:
- Erzählbericht, Beschreibungen
- Reflexionen und Kommentare

Die Figuren kommen zu Wort:
- Figurenrede: – direkte Wiedergabe, szenisches Erzählen
  – indirekte Wiedergabe (indirekte Rede)
- erlebte Rede (Gedachtes in der 3. Person im Präteritum)
- innerer Monolog (Gedachtes in der 1. Person Präsens/Perfekt)

5 a Bestimmen Sie die Erzählform und das Erzählverhalten in „Eine kaiserliche Botschaft“.

Erzählform: ______________________ Erzählverhalten: ______________________

b An mehreren Stellen spricht der Erzähler den „Untertanen“ direkt an. Markieren Sie diese Stellen im Text auf S. 5. Beschreiben Sie die Wirkung dieser Erzählweise auf Sie als Leserin oder Leser kurz in Ihrem Kursheft.

Info **Sprachliche Gestaltung**

Der bewusste Einsatz von **sprachlichen Mitteln** dient – wie die Erzählweise allgemein – dazu, bei den Leserinnen und Lesern bestimmte Wirkungen zu erzielen. Sprachlich-rhetorische Besonderheiten sollten daher bei der Analyse und Interpretation eines Textes nicht einfach nur benannt werden, sondern sie sollten immer in Beziehung zur Deutung des Textes gestellt, d. h. auf ihre Wirkung hin erläutert werden.

Zu den sprachlichen Gestaltungsmitteln zählen:

- **Wortwahl:** Stilebene (z. B. bildungssprachlich, umgangssprachlich), Wortfelder, Gebrauch von Adjektiven
- **Satzbau:** Hypotaxe (Satzgefüge aus Haupt- und Nebensätzen, Einschübe), Parataxe (Aneinanderreihung von Hauptsätzen), unvollständige Sätze (Ellipsen) etc.
- **Grammatische Besonderheiten:** Verwendung bestimmter Formen wie Konjunktiv, Partizipien, Appositionen, Besonderheiten in der Interpunktion (Ausrufezeichen, Doppelpunkte, Gedankenstriche etc.)
- **Rhetorische Figuren:** sprachliche Bilder (Vergleiche, Metaphern, Personifikationen, Symbole), Lautmalereien, Wiederholungen von Lauten (Alliterationen), Wörten oder Wortgruppen (Anaphern) oder Sätzen (Parallelismen), Übertreibungen, rhetorische Fragen, Ironie etc. (► S. 28 f.)

6 Untersuchen Sie die sprachliche Gestaltung der Parabel „Eine kaiserliche Botschaft" näher:

a Finden Sie für die unten genannten sprachlich-rhetorischen Mittel Beispiele im Text und notieren Sie diese in der zweiten Tabellenspalte.

b Überlegen Sie, inwiefern die sprachlichen Besonderheiten die Aussage des Textes, soweit Sie diese bislang für sich formuliert haben, stützen. Notieren Sie die Wirkung jeweils in der dritten Spalte der Tabelle.

sprachliches Mittel	Textstelle	Funktion/Wirkung
hypotaktischer Satzbau mit Einschüben (Parenthesen)		
Metaphern	*„kaiserlichen Sonne" (Z. 2 f.)*	*positiv konnotierter Begriff, Betonung der für den Text zentralen Kontrastierung von Zentrum und Rand*
räumliche Adjektive		
Wiederholungen	*„und gelänge ihm dies [...] und gelänge ihm dies" (Z. 25–27)*	

7 Kafkas Text verwendet verschiedene Zeitformen und Modi.

a Markieren Sie ab Z. 20 die Verbformen im Konjunktiv und die Verbformen im Indikativ in verschiedenen Farben.

b Kreuzen Sie die zutreffende/n Aussage/n an.

- ☐ Die Sätze im Konjunktiv kontrastieren mit den Sätzen im Indikativ.
- ☐ Aus den Sätzen im Konjunktiv erfährt man, was sich der Untertan erträumt.
- ☐ Die Konjunktive unterstreichen die Erfolglosigkeit des Boten bei seiner Aufgabe, die Botschaft zu überbringen.

Info **Parabel – Textsortenspezifische Merkmale berücksichtigen**

Die **Parabel** (griechisch: „Gleichnis") ist eine lehrhafte Erzählung, die eine allgemeine Erkenntnis oder einen Sachverhalt an einer beispielhaften Handlung bildhaft verdeutlicht. Die allgemeine Aussage des Textes kann der Lesende erschließen, indem er durch **Analogiebildung** (Finden von Vergleichspunkten) den **Bildteil** der Parabel (das Gesagte) auf einen **Sachteil** (das Gemeinte) überträgt und damit deutet.
Während sich die Lehre von Parabeln aus der Antike oder der Zeit der Aufklärung zumeist eindeutig erschließen lässt, gehört Kafkas Text zu den modernen Parabeln, die verschiedene Deutungen des Bildteils ermöglichen.

Bildteil

Ein **Kaiser** hat – der Überlieferung zufolge – kurz vor seinem Tod eine wichtige **Botschaft** aus dem Palast im Zentrum seines Reiches an einen unbedeutenden Untertanen gesendet, der weit entfernt am Rand des Reiches lebt, wohin er vor dem Kaiser geflüchtet ist. Die Botschaft soll von einem Boten überbracht werden, der **Weg des Boten** ist aber räumlich und zeitlich endlos und unüberwindlich, sodass die Botschaft niemals ankommen wird. Der **Untertan** träumt dennoch weiter davon, die Botschaft zu empfangen.

8 Im Folgenden finden Sie verschiedene Möglichkeiten, den Bildteil der Parabel „Eine kaiserliche Botschaft" auf Bereiche der Wirklichkeit (Sachteil) zu übertragen. Die genannten Stichpunkte stehen dabei in Analogie zu den oben im Kasten „Bildteil" hervorgehobenen Begriffen.

- Sachteil A: Gott – Heilsbotschaft – Sinnsuche – Mensch
- Sachteil B: Regierung – Gesetz – Bürokratie – einzelner Bürger
- Sachteil C: Autor – Sinn des Textes – Interpretation – Leser
- Sachteil D: ...

Wählen Sie den Deutungsvorschlag aus, der Sie am meisten überzeugt, oder ergänzen Sie einen eigenen. Schreiben Sie die Deutung in vollständigen Sätzen auf.
Beispiel: *Mit dem Bild des vom Zentrum der Macht entfernten Untertanen veranschaulicht die Parabel die Entfernung zwischen Regierung und Bürgern in einer individualisierten Gesellschaft. So wie dem „Untertanen" der Inhalt der „Botschaft" unbekannt bleibt, obwohl sie sehr wichtig zu sein scheint, so hat auch ...*

Sachteil ___ : ______________________________

____

____

____

____

____

____

____

9 Lesen Sie die Deutungsthese, die Sie nach der ersten Lektüre formuliert haben (▸ S. 6, Aufgabe 2 oben). Prüfen Sie, ob Sie die Deutung bestätigen können oder ob Sie sie korrigieren oder ergänzen möchten. Formulieren Sie gegebenenfalls eine zweite These zum Thema und zur Aussage des Textes.

____

____

____

Kontextualisierung

Info **Produktionsorientierter Interpretationsansatz – Biografische Hintergründe heranziehen**

Den **Kontext der Entstehung** eines literarischen Textes bei der Interpretation mit einzubeziehen (► S. 4), kann das Textverständnis erweitern. Neben dem historischen und politischen Kontext können auch **biografisch-psychologische Zeugnisse des Autors** berücksichtigt werden: Tagebücher, Briefe u. a. können Hinweise darauf geben, inwiefern die Lebenserfahrungen eines Autors **Einfluss auf die Themenwahl** oder die Gestaltung des Textes genommen haben. Zu beachten ist, dass dieses Verfahren nur **ein möglicher Zugang zum Text** neben anderen ist und dass nicht der Autor selbst, sondern die künstlerische Verarbeitung Gegenstand der Analyse ist.

Franz Kafka: **Brief an den Vater** (Auszug) (1919)

Du hast, glaube ich, ein Erziehungstalent; einem Menschen Deiner Art hättest Du durch Erziehung gewiss nützen können; er hätte die Vernünftigkeit dessen, was Du ihm sagtest, eingesehn, sich um nichts Weiteres gekümmert und die Sachen ruhig so ausgeführt. Für mich als Kind war aber alles, was Du mir zuriefst, geradezu Himmelsgebot, ich vergaß es nie, es blieb mir das wichtigste Mittel zur Beurteilung der Welt, vor allem zur Beurteilung Deiner selbst, und da versagtest Du vollständig. [...] Bitte, Vater, verstehe mich recht, das wären an sich vollständig unbedeutende Einzelheiten gewesen, niederdrückend wurden sie für mich erst dadurch, dass Du, der für mich so ungeheuer maßgebende Mensch, Dich selbst an die Gebote nicht hieltest, die Du mir auferlegtest. Dadurch wurde die Welt für mich in drei Teile geteilt, in einen, wo ich, der Sklave, lebte, unter Gesetzen, die nur für mich erfunden waren und denen ich überdies, ich wusste nicht warum, niemals völlig entsprechen konnte, dann in eine zweite Welt, die unendlich von meiner entfernt war, in der Du lebtest, beschäftigt mit der Regierung, mit dem Ausgeben der Befehle und mit dem Ärger wegen deren Nichtbefolgung, und schließlich in eine dritte Welt, wo die übrigen Leute glücklich und frei von Befehlen und Gehorchen lebten. Ich war immerfort in Schande, entweder befolgte ich

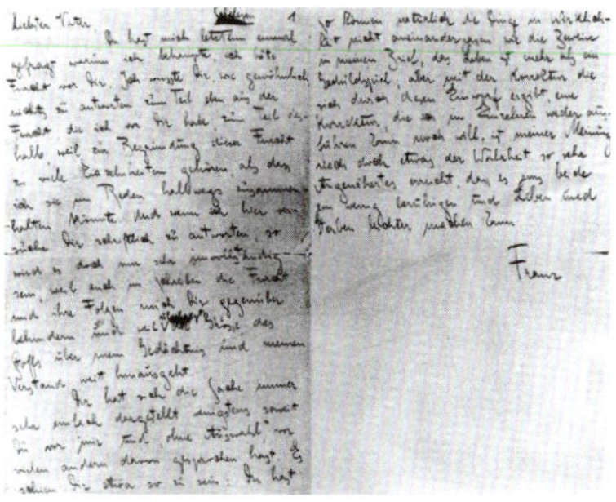

Erste und letzte Manuskriptseite des „Briefs an den Vater", 1919

Franz Kafka, 1923

Deine Befehle, das war Schande, denn sie galten ja nur für mich; oder ich war trotzig, das war auch Schande, denn wie durfte ich Dir gegenüber trotzig sein, oder ich konnte nicht folgen, weil ich zum Beispiel nicht Deine Kraft, nicht Deinen Appetit, nicht Deine Geschicklichkeit hatte [...]. [...] Du sagtest: „Kein Wort der Widerrede!" und wolltest damit die Dir unangenehmen Gegenkräfte in mir zum Schweigen bringen, diese Einwirkung war aber für mich zu stark, ich war zu folgsam, ich verstummte gänzlich, verkroch mich vor Dir und wagte mich erst zu regen, wenn ich so weit von Dir entfernt war, dass Deine Macht, wenigstens direkt, nicht mehr hinreichte.

1 a Markieren Sie in dem Briefauszug Schlüsselstellen, die Kafkas Beziehung zu seinem Vater verdeutlichen.
b Finden Sie in der Parabel „Eine kaiserliche Botschaft" (► S. 5) Textstellen, die Parallelen zu dieser Beziehung aufweisen, und ordnen Sie die Belege in einer Tabelle in Ihrem Kursheft.

„Eine kaiserliche Botschaft"	**„Brief an den Vater"**
„Kaiser" (Z. 1)	*„maßgebende[r] Mensch" (Z. 13)*
...	

2 Formulieren Sie ausgehend von Aufgabe 1, welches Thema bzw. Problem die Parabel allgemein veranschaulicht.

Zusammenführende Deutung

1 Verfassen Sie auf der Grundlage Ihrer Arbeitsergebnisse eine Gesamtinterpretation der Parabel in Ihrem Kursheft.

1.2.2 Lyrische Texte

Info **Lyrik**

Lyrische Texte (Gedichte) sind besonders dicht strukturierte Texte, in denen viele sprachliche und formale Gestaltungsmittel auf engstem Raum aufeinandertreffen. Gemeinsames Merkmal aller lyrischen Texte ist die **gebundene Sprache in Versen:** Die Länge der Zeilen wird nicht von der Schriftgröße oder dem Papierformat bestimmt, sondern bewusst vom Verfasser gesetzt. Man kann Gedichte nach **thematischen Schwerpunkten** zusammenfassen (z. B. Naturlyrik, Liebeslyrik) und verschiedene **Gedichtformen** unterscheiden (z. B. Ode, Sonett, Ballade). Die **Gedichtanalyse** verlangt von Ihnen Einsichten in den **Zusammenhang von Inhalt, Sprache und Form.** Zentral für das Verständnis sind die **Bildlichkeit,** die Rolle des Sprechers / der Sprecherin und die Sprachform.

In diesem Kapitel werden Ihnen inhaltliche, formale und sprachliche Aspekte bei der Gedichtanalyse exemplarisch an einem Gedicht von Heinrich Heine (1797–1856) vorgestellt. Vertiefende Übungen zu diesen Aspekten und Informationen zu weiteren literaturgeschichtlichen Epochen finden Sie ab S. 50.

Heinrich Heine: **Aus alten Märchen winkt es** (1822/23)

Aus alten Märchen winkt es
Hervor mit weißer Hand,
Da singt es und da klingt es
Von einem Zauberland:

Wo große Blumen schmachten
Im goldnen Abendlicht,
Und zärtlich sich betrachten
Mit bräutlichem Gesicht; –

Wo alle Bäume sprechen
Und singen, wie ein Chor,
Und laute Quellen brechen
Wie Tanzmusik hervor; –

Und Liebesweisen tönen,
Wie du sie nie gehört,
Bis wundersüßes Sehnen
Dich wundersüß betört!

Ach, könnt ich dorthin kommen,
Und dort mein Herz erfreun,
Und aller Qual entnommen,
Und frei und selig sein!

Ach! jenes Land der Wonne,
Das seh ich oft im Traum;
Doch kommt die Morgensonne,
Zerfließts wie eitel Schaum.

Erstes Textverständnis

1 Lesen Sie das Gedicht mehrmals und notieren Sie Ihre ersten Leseeindrücke, Assoziationen und Ideen rechts neben dem Text.

2 Gliedern Sie das Gedicht inhaltlich in Abschnitte.
Markieren Sie die zusammengehörenden Teile durch geschweifte Klammern links neben dem Text.
Notieren Sie zu jedem Abschnitt eine Überschrift, die den Inhalt zusammenfasst.

Vater. Es ist erlaubt, einen Räuber zu plündern, und sind seine Schätze nicht Blutgeld des Vaterlands? – Schlag ein Uhr um Mitternacht wird ein Wagen hier anfahren. Ihr werft euch hinein. Wir fliehen.

LUISE: Und der Fluch deines Vaters uns nach? – ein Fluch, Unbesonnener, den auch Mörder nie ohne Erhörung aussprechen, den die Rache des Himmels auch dem Dieb auf dem Rade hält, der uns Flüchtlinge, unbarmherzig, wie ein Gespenst von Meer zu Meer jagen würde? – Nein, mein Geliebter! Wenn nur ein Frevel dich mir erhalten kann, so hab ich noch Stärke, dich zu verlieren.

FERDINAND: *(steht still und murmelt düster)* Wirklich?

LUISE: *Verlieren!* – O ohne Grenzen entsetzlich ist der Gedanke – grässlich genug, den unsterblichen Geist zu durchbohren, und die glühende Wange der Freude zu bleichen – Ferdinand! dich zu verlieren! – Doch! Man verliert ja nur, was man besessen hat, und dein Herz gehört deinem Stande – Mein Anspruch war Kirchenraub, und schaudernd geb ich ihn auf.

FERDINAND: *(das Gesicht verzerrt und an der Unterlippe nagend)* Gibst du ihn auf.

LUISE: Nein! Sieh mich an, lieber Walter. Nicht so bitter die Zähne geknirscht. Komm! Lass mich jetzt deinen sterbenden Mut durch mein Beispiel beleben. Lass *mich* die Heldin dieses Augenblicks sein – einem Vater den entflohenen Sohn wiederschenken – einem Bündnis entsagen, das die Fugen der Bürgerwelt auseinandertreiben, und die allgemeine ewige Ordnung zugrund stürzen würde – *Ich* bin die Verbrecherin – mit frechen, törichten Wünschen hat sich mein Busen getragen – mein Unglück ist meine *Strafe*, so lass mir doch jetzt die süße, schmeichelnde Täuschung, dass es mein *Opfer* war – Wirst du mir diese Wollust missgönnen?

FERDINAND: *(hat in der Zerstreuung und Wut eine Violine ergriffen und auf derselben zu spielen versucht – Jetzt zerreißt er die Saiten, zerschmettert das Instrument auf dem Boden und bricht in ein lautes Gelächter aus)*

LUISE: Walter! Gott im Himmel! Was soll das? – Ermanne dich. – Fassung verlangt diese Stunde – es ist eine *trennende*. Du hast ein Herz, lieber Walter. Ich *kenne* es. Warm wie das Leben ist deine Liebe, und ohne Schranken wie's Unermessliche – Schenke sie einer *Edeln* und Würdigern – sie wird die Glücklichsten ihres Geschlechts nicht beneiden – – *(Tränen unterdrückend) mich* sollst du nicht mehr sehn – Das eitle betrogene Mädchen verweine seinen Gram in einsamen Mauren, um seine Tränen wird sich niemand bekümmern – Leer und erstorben ist meine Zukunft – Doch werd ich noch je und je am verwelkten Strauß der Vergangenheit riechen. *(Indem sie ihm mit abgewandtem Gesicht ihre zitternde Hand gibt.)* Leben Sie wohl, Herr von Walter.

FERDINAND: *(springt aus seiner Betäubung auf)* Ich entfliehe, Luise. Willst du mir wirklich nicht folgen?

LUISE: *(hat sich im Hintergrund des Zimmers niedergesetzt und hält das Gesicht mit beiden Händen bedeckt)* Meine Pflicht heißt mich bleiben und dulden.

FERDINAND: Schlange, du lügst. Dich fesselt was anders hier.

LUISE: *(im Ton des tiefsten inwendigen Leidens)* Bleiben Sie bei dieser Vermutung – sie macht vielleicht weniger elend.

FERDINAND: Kalte Pflicht gegen feurige Liebe! – Und mich soll das Märchen blenden? Ein Liebhaber fesselt dich, und Weh über dich und ihn, wenn mein Verdacht sich bestätigt. *(Geht schnell ab.)*

Erstes Textverständnis

1 Wie wirken Luise und Ferdinand auf Sie? Notieren Sie zu jeder Figur Ihren ersten Eindruck in Stichworten.

Ferdinand:	Luise:

2 Versuchen Sie in einem Satz zusammenzufassen, worum es in dem Gespräch zwischen Luise und Ferdinand geht.

___

___

Aspekte der Analyse

Info Situationsanalyse

In der **Situationsanalyse** geht es auf werkimmanenter Ebene um die **Voraussetzungen oder Bedingungen** der aktuellen Szene, also zumeist um die **vorangegangenen Ereignisse.** Werkübergreifend spielen bei der Analyse der Situation auch die gesellschaftlich-politischen oder weltanschaulichen **Rahmenbedingungen der Zeit,** in der die Handlung spielt, eine Rolle (z. B. epochentypische Herrschaftsstrukturen).

1 Erfassen Sie genauer die Situation in Szene III,4. Nehmen Sie dazu die einleitenden Informationen zur Dramenhandlung auf S. 15 zu Hilfe und beantworten Sie die folgenden Fragen:

a Was ist die Ausgangslage Ferdinands und Luises zu Beginn dieser Szene?

b Welche Ereignisse sind der Situation vorausgegangen bzw. haben sie herbeigeführt?

c Welche persönlichen und gesellschaftlichen Verhältnisse prägten und prägen noch das Verhalten der Figuren?

d In welchem Konflikt befindet sich Luise?

Info Figurenanalyse

Die **Figurenanalyse** fragt nach den Überzeugungen einer Figur, nach ihrem Verhalten, ihren Gewohnheiten usw., also nach all dem, was unter dem Begriff **„Charaktereigenschaften"** verstanden wird. Ferner berücksichtigt sie auch ihre **gesellschaftliche und private Stellung.** Werkübergreifend können zeittypische und schichtenspezifische Eigenheiten der Figuren eine Rolle spielen. Methodisch geht man bei der Analyse von Dramenfiguren so vor wie bei der Analyse von Figuren in Erzähltexten auch: Man unterscheidet zwischen direkter und indirekter Charakterisierung (► S. 6) sowie zwischen der Sichtweise, die die Figur von sich selbst hat (Selbstdarstellung), und der Art, wie die Figur von anderen Figuren gesehen wird (Fremddarstellung). Um zu verdeutlichen, in welchem Verhältnis Figuren zueinander stehen, ist es hilfreich, die **Figurenkonstellation** grafisch zu gestalten.

2 Visualisieren Sie – soweit möglich – die Figurenkonstellation des Dramas, die die Situation in Szene III,4 bestimmt. Ergänzen Sie weitere Figuren und Pfeile und notieren Sie Stichworte zu den Beziehungen zwischen den Figuren.

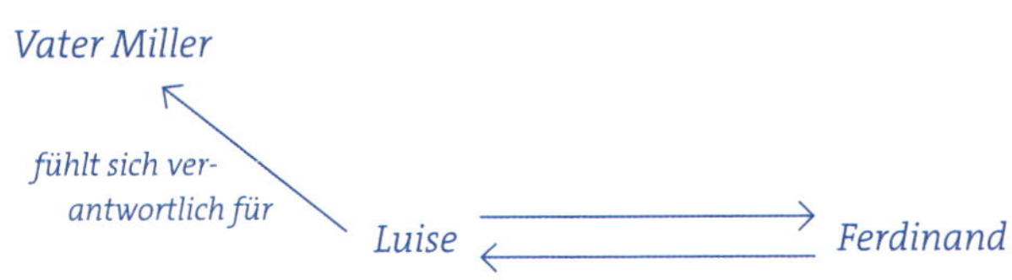

3 a Entscheiden Sie spontan, welche der folgenden Charaktereigenschaften auf Ferdinand und welche auf Luise zutreffen. Kreuzen Sie die Adjektive mit unterschiedlichen Farben für die beiden Figuren an.

☐ dominant	☐ ehrlich	☐ fürsorglich	☐ treu	☐ egoistisch
☐ einfühlsam	☐ emanzipiert	☐ verantwortungsvoll	☐ herrschaftlich	☐ idealistisch
☐ passioniert	☐ realistisch	☐ romantisch	☐ ängstlich	☐ weltfremd

b Finden Sie im Text auf S. 15 f. Belege für Ihre Ankreuzungen und markieren Sie sie farblich entsprechend.

Info **Dialoganalyse**

In der **Dialoganalyse** untersucht man die **Standpunkte und Argumente** der Figuren, ihr **kommunikatives Verhalten** (z. B. Gesprächsanteil, Aufeinander-Eingehen bzw. Aneinander-Vorbeireden), die **Gesprächsentwicklung** und ihre Ursachen sowie die **Sprache** (z. B. Sprachebene, rhetorische Mittel). Ferner untersucht man, ob und welche **Sprachhandlungen** die Figuren vollziehen (z. B. Vorwurf, Bitte, Versprechen, Absage) und wie ihr **nonverbales Verhalten** ist (in den Regieanweisungen vermerkte Gestik, Mimik, Körperhaltung).

4 Welche Ziele und Wünsche hat Ferdinand? Kreuzen Sie die zutreffende/n Antwort/en an.

- ☐ Ferdinand will mit Luise vor den gesellschaftlichen und väterlichen Zwängen fliehen.
- ☐ Ferdinand möchte mit Luise ein Leben in der höheren Gesellschaft führen.
- ☐ Ferdinand träumt von einem gemeinsamen, naturnahen Leben mit Luise auf dem Land.

5 a Markieren Sie im Text auf S. 15 f. die Argumente, mit denen Ferdinand Luise von seinen Plänen überzeugen möchte.
b Markieren Sie in einer anderen Farbe, mit welchen Argumenten Luise Ferdinands Pläne zurückweist.
c Fassen Sie die unterschiedlichen Positionen der beiden Figuren in diesem Gespräch knapp zusammen.

Ferdinands Position und Einstellung:	Luises Position und Einstellung:

6 Beschreiben Sie den Gesprächsverlauf in Szene III,4 in Ihrem Kursheft. Orientieren Sie sich dabei an diesen Fragen:
- In welcher Stimmung beginnt, in welcher endet das Gespräch?
- Gibt es in dem Gespräch einen Wendepunkt?
- Finden sich Missverständnisse in der Kommunikation?
- In welchem Verhältnis steht die Beteiligung der Figuren (Redeanteile) zum inhaltlichen Verlauf des Gesprächs?
- Was zeichnet Ferdinands Sprache im Verlauf des Gesprächs aus?

Info **Handlungsanalyse**

Die **Handlungsanalyse** untersucht **Art und Verlauf bzw. Entwicklung einer Handlung.** Mit Art ist gemeint, dass die Handlung z. B. in einer Intrige, einer Verschwörung, einer Gefangennahme usw. besteht. Zum Verlauf gehören z. B. der Aufbau eines Konflikts, sein Höhepunkt und seine etwaige Lösung, aber auch seine Ursachen und seine Auswirkungen.

7 Stellen Sie in dem Flussdiagramm stichpunktartig Ferdinands Verhalten im Verlauf der Szene III,4 dar. Beziehen Sie dabei das nonverbale Verhalten, das in den Regieanweisungen mitgeteilt wird, mit ein.

Z. 4–52: lebhaftes Verhalten, Luise gefühlvoll zugewandt („sie umarmend", Z. 40)

↓

↓

↓

↓

8 An welcher Stelle erreicht die Handlung der Szene den Höhepunkt? Begründen Sie Ihre Einschätzung im Kursheft.

Kontextualisierung

Info **Dramenformen**

Das **klassische Drama,** das den Regeln der Dramentheorie des griechischen Philosophen Aristoteles (384–321 v. Chr.) folgt, wird auch als **Drama der geschlossenen Form** bezeichnet. Es besteht aus fünf Akten oder „Aufzügen", die im Gang der Handlung eine bestimmte, festgelegte Funktion haben.
Das klassische Drama hält zumeist die **Einheit von Handlung, Zeit und Ort** ein, d. h., die Handlung verläuft im Wesentlichen linear und zusammenhängend ohne große Ortswechsel oder zeitliche Sprünge. Die Handlung erscheint somit als ein geschlossenes Ganzes, in dem jede Szene ein notwendiger Bestandteil ist.
Nach dem Schriftsteller und Literaturwissenschaftler Gustav Freytag (1816–1895) lässt sich die klassische oder aristotelische Form des Dramas in diesem Schema veranschaulichen:

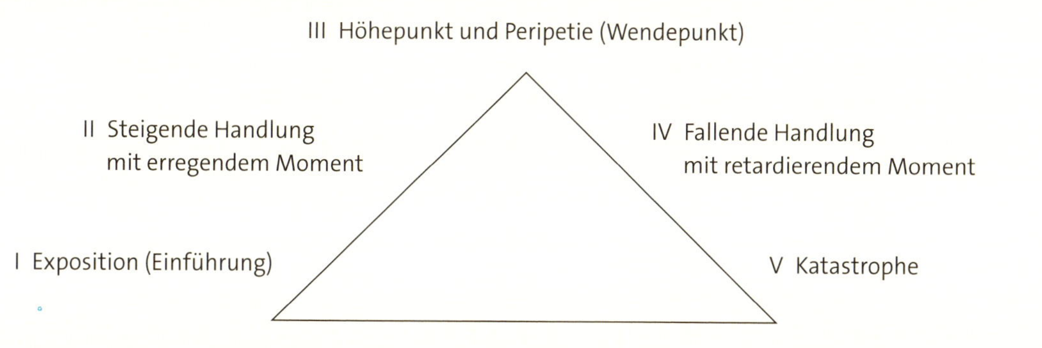

Die **offene Form des Dramas** gewann im 20. Jahrhundert insbesondere mit dem **„epischen Theater"** Bertolt Brechts (1898–1956) an Bedeutung. Das erste Beispiel für diese Dramenform ist bereits Georg Büchners „Woyzeck" (1836). Dramen der offenen Form lösen die strengen Regeln (wie die Einteilung in fünf Akte, die Einheit von Ort, Zeit und Handlung) auf. Die Szenen bauen nicht unbedingt linear aufeinander auf, sondern stehen für sich, **häufige Wechsel von Handlungsorten** und **Zeitsprünge** sind möglich. Nach Brecht soll der Zuschauer damit aus der Illusion gerissen werden, ein reales Handlungsgeschehen zu verfolgen (was die Absicht des klassischen Theaters ist), und sich vom Bühnengeschehen emotional distanzieren, sodass er die Mechanismen der Handlung genauer reflektiert und alternative Handlungsmuster (für seinen eigenen Alltag) entwirft.

2.1 Basistraining: In fünf Schritten eine Kurzgeschichte analysieren/interpretieren

Aufgabenbeispiel

1. Analysieren/Interpretieren Sie den Text „Höhlentage“ von Nora Gantenbrink im Hinblick auf die emotionale Situation der Ich-Erzählerin und ihre Beziehung zu ihrem Freund. Berücksichtigen Sie dabei auch erzählerische und sprachliche Gestaltungsmittel.
2. Prüfen Sie anhand fünf ausgewählter Kriterien, ob es sich bei dem Text „Höhlentage“ um eine „klassische“ Kurzgeschichte handelt.

Nora Gantenbrink: **Höhlentage** (2013)

Du stehst vor dem Sekretär, dein Gras ist oben rechts hinter der Buddha-Figur[1] aus Stein. Du sagst, der Buddha ist der Türsteher der Bewusstseinserweiterung.

Der beste Freund vom Buddha ist der Holzelefant ohne Augen. Du sagst, der Holzelefant kann mit dem Rüssel hören und mit den Ohren sehen, und wenn ich frage, warum nicht umgekehrt, dann sagst du, fang bitte an, den Elefanten so zu nehmen, wie er ist.

Niemand darf den Sekretär anfassen, und erst recht darf niemand den Buddha verschieben und den Winkel verändern, in dem der Holzelefantenrüssel auf den Buddha zeigt.

Du hast den Verdacht, dass der Winkel verändert war. Besonders in letzter Zeit. Du öffnest den Sekretär und misst den Rüsselwinkel. Der Deckel des Mixers, links hinter der Dose, du bist dir sicher, war vorher fester zugeschraubt. Du bist dir sicher, jemand klaut dein Gras.

Am nächsten Tag kommen Schneider und Rölle, und du sagst: „Jemand raucht mein Gras!“ „Krass“, sagt Schneider und Rölle „Brutal“. Dann schweigt ihr ein wenig, und Rölle baut eine Tüte[2] auf den Schreck, und Schneider baut eine einfach so, und du baust später eine, denn das ist euer Ding.

Rölle erklärt dir noch einen Trick mit einem Haar, den er mal in der Yps[3] gelesen hat. Und als ich sage, dass ich schlafen will, schickst du die Jungs heim und küsst mich in den Nacken, denn es ist schon spät. Und wir gehen ins Bett und ich denke: „Soll ich's dir sagen?“ Und ich sage nichts.

Wir haben uns kennengelernt auf einem Festival am Fühlinger See. Du trugst Sandalen. Männer in Sandalen sind mir so zuwider wie Männer in kurzen Hosen. Kurze Hosen trugst du auch.

Du arbeitest mit Behinderten. Da ist Frau Schmidtke mit dem Wackelkopf, wie witzig ihr Kopf wackelt und ihr Mund speichelt. Du hast immer ein Tempo in der Hosentasche, das ziehst du raus und wischst Speichel von Wangen und Knien, auch von Untertassen. Es wird viel gespeichelt im Heim der lachenden Gesichter.

Am nächsten Tag komme ich dich abholen. Du und Herr Wermingmeier und das Herbstlaub im Park. Früher war Herr Wermingmeier Musikprofessor, heute redet er Wirres, aber du sagst: „Man merkt, dass Herr Wermingmeier ein Schlauer war.“ Ihr sitzt nebeneinander auf der Parkbank. Blätter fallen. Herr Wermingmeier streichelt eine Kastanie.

Als ich komme, beginnt Herr Wermingmeier zu weinen. „Warum weint er?“, frage ich und du sagst: „Weil er noch draußen bleiben will, weil er gern hier sitzt, aber alleine nicht darf.“ Und du nimmst meine Hand und ziehst mich auf die Bank, und dann sitzen wir noch eine Weile so, und Herr Wermingmeier sagt: „Soll die Empfindung Liebe seyn? Ja, ja, die Liebe ist's allein. – O wenn ich sie nur finden könnte! O wenn sie doch schon vor mir stände!“

Du hast dir Systeme gebaut, damit in deiner Welt alles Sinn macht. Du nimmst zwei Ausgleichstage für die Sonntagsdienste und kündigst Höhlentage an. Rölle, der nie was zu tun hat, sagt, er bräuchte auch mal wieder eine Auszeit.

Lagerkäufe bei Lidl, es gibt Regeln. Während der Höhlentage verlässt niemand die Wohnung, und niemand kommt rein. Auch ich nicht. Ihr zieht die Rollos runter und schließt die Tür ab. Für vier Höhlentage braucht ihr 20 Gramm und eine funktionierende Playstation. Ihr braucht ausreichend Pringles[4], Pommes, Fertigpizza. Als ich einwende, dass der Schinken auf der Hawaiipizza aus Pressfleisch besteht, sagst du: „Danke, Baby“, und wählst Salami.

Du bestehst auf Tacos[4], Rölle auf Nappos[4]. Dann streitet ihr, ob ihr Capri-Sonne oder Spezi[5] kauft. Ich sage, dass es mir reicht, und gehe Richtung Ausgang. Ich setze mich auf eine Bank, gegenüber der Slogan „Heute bleibt die Küche kalt, wir gehen in den Wienerwald“. Ich denke mir, ja genau so, nur dass das „wir“ ein „ich“ ist und der Wienerwald kein gutes Ziel.

Du interessierst dich seit fünf Jahren mehr für Spongebob[6] als für Deutschland. Manchmal erreiche ich dich tagelang nicht, weil du in deiner kleinen Bude sitzt und dich betäubst. Wenn du auftauchst, bist du immer gut zu mir und voller Träume.

1 **Buddha:** „Erwachter“: Ehrenname für den Stifter der Religion des Buddhismus und Bezeichnung für ein Wesen, das die vollkommene Entfaltung des eigenen Geistes erlangt hat
2 **baut eine Tüte:** dreht sich einen Joint
3 **„Yps“:** Comic-Magazin, dem ein Spielzeug oder Scherzartikel beiliegt
4 **Pringles, Tacos, Nappos:** Markennamen für Chips und Schokolade
5 **Spezi:** Mischgetränk aus Cola und Orangenlimonade
6 **Spongebob:** Zeichentrickfigur

Ich weiß, dass du kein schlechter Mensch bist. Für jeden hast du Verständnis, fast nie bist du wütend. Immer willst du helfen. Ist jemand böse, sagst du, schau, wir wissen nicht, was dahintersteckt.

Oft sagst du: „Baby, du bist so kapitalistisch[7].“ Dabei sage ich bloß: „Lass uns abhauen! Lass uns mehr wollen! Die Welt erkunden! Vielleicht ein Cabrio kaufen oder eine Altbauwohnung in Berlin? Wir könnten in unserem Wohnzimmer Konzerte veranstalten! Ein bisschen Rambazamba, ein bisschen Rock'n'Roll, was meinst du?“

Du sagst, dass du Herrn Wermingmeier in den Tod begleiten willst und dass deine Mutter traurig sein wird, und was ist mit Fynn, deinem Neffen, er ist doch noch so klein? Du sagst, du hast Verantwortung für ihn, und als ich schreie: „Aber auch für mich“, da wissen wir beide nicht weiter.

Du führst einen Alltag auf Repeattaste[8]. Ich will aber nicht Zeitzeuge einer Warteschleife sein. Stillstand ist Rückschritt. Evolutionsbiologie. Rote-Königinnen-Prinzip[9].

Ich wäre gern mal abends mit dir ausgegangen ohne Augentropfen und Papers[10]. Ohne Angst, in eine Polizeikontrolle zu geraten.

Wir reden so lange von Nepal und Mexiko. Von Barcelona und Warschau. Meist hast du kein Geld, ein anderes Mal sagst du: „Wir sind doch noch jung.“ Dann campen wir wieder in Holland. Seit Jahren beschneide ich mich aus Liebe zu dir. Ich will mit dir schlafen, aber du drehst erst noch einen Joint. Dann hasse ich dieses Kraut, das alles umnebelt, verlangsamt, erlahmen lässt.

Du glaubst, ich werde für immer deine Frau sein, aber nichts ist für immer. Bloß weil dein Gehirn auf dem Wirkstoff einer Pflanze hängengeblieben ist, wirst du dein ganzes Leben lang einer längst vergangenen Version von mir nachtrauern.

Weißt du, meine Eltern haben auch gekifft. Mein Vater vermutlich viel, aber er war wenigstens politisch dabei. Du bist einfach nur du oder da oder nichts. Mit dir zu träumen hat keine Zukunft, es ist bloß Zeitverschwendung.

Sieh mich doch mal an. Ich möchte nicht Cowboys & Aliens auf DVD schauen. Ich kann die Verschwörungstheorien deiner Freunde nicht mehr ertragen, ich hasse den würzigen Duft in deiner Bude, geschwängert[11] mit der Süße der Räucherstäbchen. Ich könnte vor Wut auf deinen siffigen Flokati[12] kotzen.

Es gibt nur die Möglichkeit, dass du dich änderst oder ich mich begnüge, und beides ist Unsinn und nur eine Verlängerung eines von vornherein zum Scheitern verurteilten Verlängerns des Scheiterns.

Höhlentage sind Höllentage. Liebe auch.

---

7 **kapitalistisch sein:** nach Gewinn und Eigentum streben
8 **Repeattaste:** Wiederholungstaste
9 **Rote-Königinnen-Prinzip:** These der Evolutionsbiologie, nach der sich eine Art so schnell wie möglich entwickeln muss, um sich zu erhalten
10 **Papers:** Papierblättchen zum Drehen von Joints
11 **geschwängert:** hier: vermischt
12 **Flokati:** Teppich

Erster Schritt: Die Aufgabenstellung verstehen

1 Lesen Sie den Text „Höhlentage“ von Nora Gantenbrink sowie die dazu formulierten Aufgaben (► S. 24) aufmerksam durch. Markieren Sie in der Aufgabenstellung die zentralen Schlüsselbegriffe und Operatoren.

2 Welche Tätigkeiten werden in den Teilaufgaben von Ihnen verlangt? Kreuzen Sie an.

	Teilaufgabe 1: Ich soll ...	ja	nein
a	bei der Analyse/Interpretation vor allem die emotionale Situation des Mannes untersuchen.	☐	☐
b	die Beziehung zwischen der Ich-Erzählerin und ihrem Freund darstellen.	☐	☐
c	die Gedanken und Gefühle der Frau berücksichtigen.	☐	☐
d	die im Text verwendeten erzählerischen und sprachlichen Mittel inhaltsbezogen deuten.	☐	☐
e	die Äußerungen von Mann und Frau zitieren und miteinander vergleichen.	☐	☐

	Teilaufgabe 2: Ich soll ...	ja	nein
a	die Textvorlage anhand von drei ausgewählten Merkmalen von Kurzgeschichten untersuchen.	☐	☐
b	die Kommunikationssituation zwischen der Frau und dem Mann darstellen.	☐	☐
c	die Textvorlage anhand von fünf ausgewählten Merkmalen von Kurzgeschichten untersuchen.	☐	☐
d	abschließend klären, ob es sich bei „Höhlentage“ um eine Kurzgeschichte handelt oder nicht.	☐	☐
e	alle Merkmale einer Kurzgeschichte nennen und erläutern.	☐	☐

Zweiter Schritt: Erstes Textverständnis und Ideen formulieren

1 Lesen Sie den Text „Höhlentage“ auf S. 24 f. erneut: Markieren Sie in verschiedenen Farben
- Textstellen, in denen es um die Gefühlslage der Ich-Erzählerin und um ihre Beziehung zu ihrem Freund geht,
- auffällige erzählerische (► S. 7) und sprachliche Gestaltungsmittel (► S. 8, 28 f.).

Tipp **Den Titel eines literarischen Textes beachten**

Der **Titel** eines literarischen Textes ist immer mit Bedacht ausgewählt. Er kann wichtige **Hinweise zum Thema und zur Deutung des Textes** geben. Überlegen Sie daher immer, welche Rückschlüsse sich aus dem gewählten Titel für Ihr Thema und für die Analyse/Interpretation ziehen lassen.

2 Fassen Sie Ihre ersten Lektüreeindrücke zusammen, indem Sie das Thema der Kurzgeschichte in ein bis zwei Sätzen umreißen. Berücksichtigen Sie dabei auch den Titel.

Die Kurzgeschichte „Höhlentage“ handelt von ____________________

____

____

____

Dritter Schritt: Den Text analysieren/interpretieren und Merkmale der Textsorte prüfen

Zum 1. Aufgabenteil: Den Text analysieren/interpretieren

1 Betrachten Sie zunächst – wie in der Teilaufgabe 1 als Erstes verlangt – die Gefühlslage der Ich-Erzählerin sowie deren Beziehung zu ihrem Freund näher:

a Wählen Sie aus dem Wortspeicher drei Adjektive aus, die Ihrer Ansicht nach die emotionale Situation der Ich-Erzählerin am besten beschreiben. Begründen Sie jeweils Ihre Wahl und geben Sie Textstellen an, die Ihre Begründung belegen.
Beispiel: *Die Ich-Erzählerin ist wütend auf ihren Freund, weil er ihr gegenüber keine Verantwortung übernehmen möchte (vgl. Z. 95 f.).*

fröhlich • verärgert • unverstanden • gelangweilt • neugierig • verliebt • betrogen und hintergangen • unglücklich • dankbar • alleingelassen • hasserfüllt

1. ____________________

____

____

2. ____________________

____

____

3. ____________________

____

____

b Kreuzen Sie diejenigen Aussagen über die Ich-Erzählerin, ihren Freund und ihre Beziehung an, die zutreffen. Belegen Sie die zutreffenden Aussagen jeweils mit einer oder mehreren Textstellen.

	Aussage	Textstelle
☒	1. Die Ich-Erzählerin kann sich nicht auf ihren Freund verlassen.	*Z. 78–80*
☐	2. Die Ich-Erzählerin scheint sich nicht zu trauen, offen mit ihrem Freund über ihre Gefühle zu sprechen.	
☐	3. Der Mann macht sich ebenfalls Sorgen um ihre Beziehung und konsumiert aus Frust und Hilflosigkeit ständig Drogen.	
☐	4. Sein Gras und seine „Höhlentage“ sind dem Mann wichtiger als die Beziehung zu seiner Freundin.	
☐	5. Das Paar hat unterschiedliche Zukunftsvorstellungen.	
☐	6. Die Frau ist eifersüchtig auf das sorglose Leben ihres Freundes und die tiefe Freundschaft, die ihn mit Schneider und Rölle verbindet.	
☐	7. Die Ich-Erzählerin ist der Ansicht, dass sie sich selbst und ihre Wünsche seit langer Zeit aus Liebe zu ihm zurücknimmt und ihre Beziehung keine Zukunft mehr hat.	

2 Untersuchen Sie nun die sprachliche Gestaltung des Textes „Höhlentage“.

a Bestimmen Sie die rhetorischen Figuren (► S. 28 f.), die in den hervorgehobenen Stellen eingesetzt werden.

b Erarbeiten Sie in der rechten Spalte die konkrete Funktion des jeweiligen rhetorischen Mittels, immer im Hinblick auf die Anforderungen in der Aufgabenstellung (hier: die Gefühlslage der Ich-Erzählerin und ihre Beziehung).

rhetorische Figur	Textstelle	Funktion/Wirkung
Vergleich	„Du trugst Sandalen. Männer in Sandalen sind mir so zuwider wie Männer in kurzen Hosen. Kurze Hosen trugst du auch.“ (Z. 31–33)	*Von Anfang an hat sie vieles an ihm gestört, zunächst nur sein Äußeres, später aber auch sein Verhalten.*
	„Während der Höhlentage verlässt niemand die Wohnung, und niemand kommt rein. **Auch ich nicht.**“ (Z. 61–63)	
	Dabei sage ich bloß: **„Lass uns abhauen! Lass uns mehr wollen!“** (Z. 86 f.)	
	„Du führst einen **Alltag auf Repeattaste.** Ich will aber nicht Zeitzeuge einer Warteschleife sein.“ (Z. 98 f.)	
	„**Ich** möchte nicht [...] DVD schauen. **Ich** kann die Verschwörungstheorien deiner Freunde nicht mehr ertragen [...]. **Ich** könnte vor Wut auf deinen siffigen Flokati kotzen.“ (Z. 122–127)	
	„**Höhlentage sind Höllentage.** Liebe auch.“ (Z. 132)	

Info **Rhetorische Figuren**

Rhetorische Figur	Definition	Beispiel
Akkumulation	Reihung von Begriffen zu einem – genannten oder nicht genannten – Oberbegriff	*Nenn's Glück! Herz! Liebe! Gott!*
Allegorie	konkrete Darstellung abstrakter Begriffe, oft durch Personifikation	*Gott Amor* für *Liebe*
Alliteration	Wiederholung des Anfangsbuchstabens benachbarter Wörter	*Milch macht müde Männer munter.*
Anapher	Wiederholung eines oder mehrerer Wörter an Vers- oder Satzanfängen	*Sie erkannte das Problem. Sie erkannte auch die Tragweite.*
Antithese	Entgegenstellung von Gedanken oder Begriffen	*Der Einsatz war groß, klein war der Gewinn.*
Apostrophe	feierliche oder betonte Anrede, Anruf	*Du schönste Wunderblume süßer Frauen!*
Chiasmus	Symmetrische Überkreuzstellung von semantisch oder syntaktisch einander entsprechenden Satzgliedern	*Ich schlafe am Tag, in der Nacht wache ich.*
Ellipse	unvollständiger Satz; Auslassung eines Satzteils/Wortes, das leicht ergänzbar ist	*Je früher der Abschied, desto kürzer die Qual.*
Euphemismus	Beschönigung	*vollschlank* statt *dick*
Hyperbel	starke Übertreibung	*ein Meer von Tränen*
Inversion	Umkehrung der geläufigen Wortstellung im Satz	*Ihm allein vertraue dich an.*
Ironie	Aussage, die erkennen lässt, dass sie anders gemeint als gesagt ist	*Das hast du ja mal wieder toll hinbekommen!*
Klimax	steigernde Aneinanderreihung von Begriffen (dreigliedrige Steigerung = Trikolon)	*Veni, vidi, vici. (Ich kam, ich sah, ich siegte.)*
Litotes	Bejahung durch Verneinung des Gegenteils	*nicht unschön*
Metapher	Bedeutungsübertragung; sprachliche Verknüpfung zweier semantischer Bereiche, die gewöhnlich unverbunden sind, ohne Vergleichswort	*Der Verstand ist ein Messer in uns.*
Metonymie	Ersetzen eines gebräuchlichen Worts durch ein anderes, das zu ihm in unmittelbarer Beziehung steht, z. B. Autor für Werk, Gefäß für Inhalt, Ort für Person	*Das Weiße Haus macht wieder einmal Schlagzeilen.*
Neologismus	Wortneuschöpfung	*wundersüß*
Onomatopoesie	Lautmalerei	*knallen, klirren, bellen; schnattattattattattattattattern*
Oxymoron	Verbindung zweier Vorstellungen, die sich ausschließen	*des dunklen Lichtes voll*
Paradoxon	widersprüchliche Aussage, die meist auf eine höhere Wahrheit verweist	*Vor lauter Individualismus tragen sie Uniform.*
Parallelismus	Wiederholung gleicher (paralleler) syntaktischer Fügungen	*Das Schiffchen fliegt, der Webstuhl kracht.*
Personifikation	Vermenschlichung eines Gegenstands oder Begriffs (= Sonderform der Metapher)	*Die Sonne lacht.*

Vierter Schritt: Den Schreibplan erstellen und den Text schreiben

Info **Gliederung der Analyse/Interpretation eines literarischen Textes (zweiteilige Aufgabenstellung)**

Ihre Analyse/Interpretation muss einen schlüssigen Gedankengang erkennen lassen. Entwerfen Sie deshalb vor dem Ausformulieren Ihres Aufsatzes eine Gliederung. Sie hilft Ihnen dabei, keine notwendigen Bestandteile des Aufsatzes zu vergessen und strukturiert zu schreiben. Bei der Analyse/Interpretation eines literarischen Textes ist die folgende Gliederung sinnvoll:

- **Die Einleitung** enthält Angaben zu **Autor/in, Titel, Textsorte und Erscheinungsjahr.** Auch benennt sie das **Thema** des Textes. Dieses ist nicht mit dem Inhalt identisch, sondern beantwortet vielmehr die Frage, welches allgemeine Problem der Text behandelt, indem er diese besondere Geschichte erzählt. Zur Formulierung des Themas ist also immer ein Textverständnis erforderlich.
- **Der Hauptteil** beginnt mit einer kurzen **Inhaltszusammenfassung** und enthält bei Textauszügen zusätzlich eine kurze Einordnung in die Gesamthandlung. Anschließend erfolgt die **Analyse/Interpretation des Textes unter Beachtung der in der Aufgabenstellung genannten Aspekte.** Hierbei müssen beschreibende, erklärende und deutende Aspekte aufeinander bezogen werden.
- Die Formulierung eines **vorläufigen Resümees zur ersten Aufgabenstellung** durch die knappe Zusammenfassung der zentralen Analyseergebnisse und einer sich anschließenden **Überleitung** zur zweiten Aufgabenstellung ist notwendig, um beide Aufgabenteile sinnvoll miteinander zu verknüpfen. In der Überleitung sollten die nun folgenden Untersuchungsaspekte kurz benannt werden, bevor diese im Anschluss näher betrachtet und erläutert werden. Sollte es um einen Vergleich mit einem zweiten Text gehen, wird dieser in der Überleitung zusätzlich durch die Nennung von Autor/in, Titel, Textsorte, Erscheinungsjahr und Thema kurz vorgestellt.
- Am **Schluss** wird als Fazit eine abschließende Deutung des Textes bzw. der Texte formuliert.

1 Entwerfen Sie für Ihren Aufsatz zu der Kurzgeschichte „Höhlentage" eine Gliederung.
Bringen Sie dazu die unten stehenden Gliederungspunkte auf der Grundlage Ihrer Arbeitsergebnisse des zweiten und dritten Schritts in eine sinnvolle Reihenfolge. Kennzeichnen Sie die Reihenfolge, indem Sie die Zeilen nummerieren.

Reihenfolge	Gliederungspunkte der Analyse/Interpretation
	die erzählerischen Gestaltungsmittel und deren Wirkung in Bezug auf den zu deutenden Inhalt untersuchen
	ein abschließendes Fazit formulieren
	eine Überleitung zur Beantwortung der zweiten Aufgabenstellung formulieren
	eine kurze Inhaltszusammenfassung erstellen
	die Gefühlslage der Ich-Erzählerin sowie deren Beziehung zu ihrem Freund unter Berücksichtigung und Deutung sprachlicher Besonderheiten (rhetorische Mittel, Syntax etc.) erläutern
	den Einleitungssatz mit Angaben zu Autorin, Titel, Textsorte, Erscheinungsjahr und Thema gestalten
	die Analyseergebnisse des ersten Aufgabenteils in einem vorläufigen Resümee knapp zusammenfassen
	die typischen Merkmale einer Kurzgeschichte anhand der Textvorlage herausstellen

2 Verfassen Sie nun mit Hilfe der Gliederung Ihren Aufsatz.

a Formulieren Sie eine Einleitung in Ihrem Kursheft.
Nennen Sie darin Titel, Textsorte, Autorin, Erscheinungsjahr und Thema.
Sie können dazu die unten stehenden Formulierungshilfen nutzen.

Formulierungsbausteine **Einleitung**

- *In der Kurzgeschichte „..." von ... aus dem Jahr ... geht es um ...*
- *Die Kurzgeschichte „..." von ..., die ... veröffentlicht wurde, handelt von ...*
- *In der Kurzgeschichte „..." von ..., erschienen im Jahr ..., wird ... thematisiert.*

b Schreiben Sie nun auf der Grundlage Ihrer Arbeitsergebnisse zum Inhalt und zur sprachlichen Gestaltung den Hauptteil des Aufsatzes in Ihrem Kursheft. Achten Sie nach der knappen Inhaltszusammenfassung darauf, Ihre Beobachtungen zu Inhalt, Sprache und Form in Beziehung zu setzen. Beispiele für entsprechende Formulierungen finden Sie in dem Kasten auf S. 33 oben.
Verwenden Sie eine sachliche Sprache und denken Sie daran, Ihre Deutungen durch Verweise und Zitate (▶ Information) adäquat zu belegen.
Beispiel: *Die Ich-Erzählerin beschreibt zunächst, dass ihr Freund sein Marihuana in einem Regal rechts über dem Sekretär hinter einer Figur des heiligen Buddhas verstecke. Zudem äußere er den Verdacht, dass „jemand [...] [s]ein Gras [klaue]" (Z. 17), weil „der Winkel [des Holzelefantenrüssels] verändert [sei]. Besonders in letzter Zeit" (Z. 13 f.). Durch die Verwendung des Pronomens „jemand" macht er deutlich, dass er nicht wisse, wer der Dieb ist. Dennoch liegt die Vermutung nahe, dass er indirekt seine Freundin verdächtigt, weil es in der letzten Zeit schon Spannungen zwischen ihnen gab und er ahnt, dass sie sein „Hobby" nicht länger tolerieren möchte.*

Info **Richtiges Zitieren**

- Zitate sind **wörtliche Übernahmen** eines Wortes, mehrerer Wörter, ganzer Sätze oder auch ganzer Abschnitte. Wortlaut und Rechtschreibung eines Zitats dürfen nicht verändert werden.
- Zitate werden am Anfang und Ende durch **Anführungszeichen** kenntlich gemacht.
- Nach jedem Zitat ist in runden Klammern die **Zeilen- oder Versangabe** anzugeben.
- **Auslassungen** werden durch drei Punkte in eckigen Klammern kenntlich gemacht: *[...]*.
- Zitiert man einen Text, in dem sich selbst wiederum ein Zitat oder wörtliche Rede befindet, wird dies durch **eingestrichene Anführungszeichen** kenntlich gemacht, z. B.
„‚Warum weint er?'" (Z. 48), fragt die Ich-Erzählerin und ihr Freund antwortet ihr: „‚Weil er noch draußen bleiben will [...].'" (Z. 48 f.).
- Zitate, die in den eigenen Satzbau integriert sind, werden **grammatisch angepasst,** wobei die **Veränderungen in eckigen Klammern** kenntlich zu machen sind, z. B.:
Die Ich-Erzählerin wirft ihrem Freund vor, dass „[er] [...] [s]ich seit fünf Jahren mehr für Spongebob als für Deutschland [interessiert]" (Z. 77 f.).

Formulierungsbausteine **Inhalt, Sprache und Form in Beziehung setzen (Erzähltexte)**

- *Durch diese Erzählstrategie werden die Gefühle der Figur unmittelbar deutlich / werden die Gefühle und Gedanken der Ich-Erzählerin erfahrbar / soll Distanz zu den Ereignissen und Figuren erzeugt werden.*
- *Diese Darbietungsform ermöglicht eine geordnete und kommentierende Darstellung des Geschehens / legt eine Identifikation mit der Figur nahe.*
- *Eine sprachliche Besonderheit ist der Satzbau. Durch die häufigen Parataxen erscheint es so, als würde ...*
- *Diese Auslassung lässt sich so deuten, dass ...*
- *Durch die rhetorische Figur ... werden die Gedanken und Gefühle der Protagonistin deutlich, und zwar ...*

c Formulieren Sie den Schluss Ihres Aufsatzes – das Fazit Ihrer Untersuchung – in Ihrem Kursheft. Sie können die folgenden Satzanfänge verwenden.

Formulierungsbausteine **Schlussgedanken**

- *Die Prüfung der Textvorlage in Bezug auf die Kriterien einer Kurzgeschichte hat ergeben, dass ...*
- *Insgesamt ist festzuhalten, dass ...*
- *Zusammenfassend lässt sich sagen, dass ...*
- *Alles in allem ergibt die Analyse der Kurzgeschichte, dass ...*

Fünfter Schritt: Den eigenen Text überarbeiten

1 Prüfen Sie die Qualität Ihres eigenen Textes mit Hilfe der folgenden Checkliste und überarbeiten Sie ihn – falls notwendig – anschließend.

Checkliste **Eine Kurzgeschichte analysieren/interpretieren**

- Hat mein Aufsatz einen klaren **Aufbau,** der durch Absätze gegliedert ist?
- Habe ich **einleitend** Textsorte, Titel, Autorin, Erscheinungsjahr und Thema genannt?
- Habe ich sämtliche in der Aufgabe genannten **Aspekte** der Analyse/Interpretation berücksichtigt und dabei Inhalt, Sprache und Form in Beziehung gesetzt?
- Habe ich nach einem kurzen **Resümee** und einer **Überleitung** die Textvorlage auf die **Merkmale einer Kurzgeschichte** hin geprüft?
- Endet mein Aufsatz mit einem zusammenfassenden **Fazit?**
- Habe ich meine Beobachtungen **begründet** und mit Hilfe von Textstellen **belegt** und erläutert?
- Habe ich die Regeln des korrekten **Zitierens** beachtet?
- Habe ich mich **sachlich** ausgedrückt und Umgangssprache vermieden?
- Habe ich **Fachbegriffe** zutreffend gebraucht?
- Habe ich in meinem Text Abschweifungen, also Abschnitte, die nicht mit der Aufgabenstellung in Zusammenhang stehen, vermieden?
- Habe ich meine Aussagen durch sinnvolle **Konjunktionen** und **Adverbien** verknüpft?
- Ist der Text sprachlich richtig **(Rechtschreibung, Grammatik, Zeichensetzung)**?

2 Notieren Sie drei Aspekte, auf die Sie bei Ihrer nächsten Analyse/Interpretation besonders achten sollten.

____

____

____

____

____

2.2 Johann Wolfgang Goethe: Die Leiden des jungen Werthers – Vertiefende Übungen zu den Aspekten Erzähler und Sprache

Info **„Die Leiden des jungen Werthers“ und der Sturm und Drang**

In dem Roman „Die Leiden des jungen Werthers“ (erstmals erschienen 1774, in einer zweiten Fassung 1787) von Johann Wolfgang Goethe (1749–1832) erzählt der junge Werther seinem Freund Wilhelm in **Briefen,** wie er sich auf einem Ball in einer Kleinstadt **in Lotte verliebt.** Er erlebt mit ihr eine kurze Zeit leidenschaftlicher Zuneigung, die allerdings dadurch überschattet wird, dass **Lotte schon einem anderen versprochen ist.** Als ihr Verlobter Albert von einer Reise zurückkehrt, sieht Werther keinen anderen Ausweg, als **sich zu erschießen.**

Goethes Briefroman traf das Lebensgefühl der jungen Generation im späten 18. Jahrhundert. Gefühlskult, radikale Subjektivität, Begeisterung für Fantasie und Freiheit, pantheistische Naturschwärmerei, schrankenlose Individualität sowie Kritik an gesellschaftlichen Normen und Konventionen – das sind die Themen des Sturm und Drang oder der „Geniezeit“, wie Literaturhistoriker diese Strömung innerhalb der Epoche der Aufklärung bezeichnen. Der „Werther“ wurde zu einem Bestseller und Kultbuch. Viele junge Menschen konnten sich mit seinem Weltschmerz identifizieren.

Johann Wolfgang Goethe, gemalt 1775

Johann Wolfgang Goethe: **Die Leiden des jungen Werthers** (Auszug) (1774)

Am 16. Julius.

Ach wie mir das durch alle Adern läuft, wenn mein Finger unversehens den ihrigen berührt, wenn unsere Füße sich unter dem Tische begegnen! Ich ziehe zurück wie vom Feuer, und eine geheime Kraft zieht mich wieder vorwärts – mir wird's so schwindelig vor allen Sinnen. – O! und ihre Unschuld, ihre unbefangne Seele fühlt nicht, wie sehr mich die kleinen Vertraulichkeiten peinigen. Wenn sie gar im Gespräch ihre Hand auf die meinige legt und im Interesse der Unterredung näher zu mir rückt, dass der himmlische Atem ihres Mundes meine Lippen erreichen kann: – ich glaube zu versinken, wie vom Wetter gerührt[1]. – Und, Wilhelm! Wenn ich mich jemals unterstehe, diesen Himmel, dieses Vertrauen –! Du verstehst mich. Nein, mein Herz ist so verderbt nicht! Schwach! schwach genug! – Und ist das nicht Verderben? – Sie ist mir heilig. Alle Begier schweigt in ihrer Gegenwart. Ich weiß nie, wie mir ist, wenn ich bei ihr bin; es ist, als wenn die Seele sich mir in allen Nerven umkehrte. – Sie hat eine Melodie, die sie auf dem Klaviere spielet mit der Kraft eines Engels, so simpel und so geistvoll[2]! Es ist ihr Leiblied[3], und mich stellt es von aller Pein, Verwirrung und Grillen her, wenn sie nur die erste Note davon greift.

Kein Wort von der alten Zauberkraft der Musik ist mir unwahrscheinlich. Wie mich der einfache Gesang angreift[4]! Und wie sie ihn anzubringen weiß, oft zur Zeit, wo ich mir eine Kugel vor den Kopf schießen möchte! Die Irrung und Finsternis meiner Seele zerstreut sich, und ich atme wieder freier.

1 **wie vom Wetter gerührt:** wie vom Blitz getroffen

2 **geistvoll:** vergeistigt, innerlich

3 **Leiblied:** Lieblingslied

4 **angreift:** erfasst, berührt (vgl. „angegriffene Gesundheit“)

Erstes Textverständnis

1 Erklären Sie, warum ein Roman in Briefform dem Zeitgeist des Sturm und Drang in besonderer Weise entspricht (Informationen zum Sturm und Drang finden Sie oben auf dieser Seite und auf S. 23). Notieren Sie Stichworte.

____

____

____

____

____

____

2 Lesen Sie den Romanauszug (► S. 34) und bearbeiten Sie die folgenden Aufgaben:

a Überlegen Sie anhand der Informationen zum Inhalt des Romans (► Infokasten S. 34), zu welchem Zeitpunkt seiner Beziehung zu Lotte Werther diesen Brief geschrieben haben mag.

b Markieren Sie im Text Stellen, die im Hinblick auf Sprache (► S. 8) und Rhetorik (► S. 28 f.) auffällig erscheinen.

c Beschreiben Sie, in welcher Stimmung sich Werther befindet. Unterscheiden Sie dabei zwischen der grundsätzlichen Verfassung Werthers und seiner momentanen Befindlichkeit. Geben Sie Textbelege an.

d Halten Sie fest, welche Vorausdeutung auf die weitere Romanhandlung der Brief enthält.

3 Formulieren Sie eine These zur Deutung des Briefs vom 16. Juli.

Dieser Brief Werthers verdeutlicht, dass

Aspekte der Analyse

Die analytischen Schwerpunkte der folgenden Übungen sind die **Erzählstrategie** und die **sprachliche Gestaltung.**

1 In der Fiktion des Romans fungiert Werthers Freund Wilhelm als Adressat und Herausgeber: Er veröffentlicht die Briefe, die ihm sein Freund geschrieben hat, nach dessen Tod.

a Prüfen Sie, welche typischen Merkmale eines Briefs Werthers Brief (► S. 34) enthält. Kreuzen Sie an.

☐ Datumsangabe ☐ Anrede ☐ Bezug auf den Empfänger des Briefs ☐ Grußformel

b Notieren Sie, welche Funktion der Brief für Werther erfüllt. Machen Sie sich dazu bewusst, was der Leser Wilhelm bzw. Sie als Leserin/Leser aus diesem Brief in erster Linie erfahren.

2 Erfassen Sie in der Tabelle wesentliche Merkmale der Erzählstrategie (► S. 7) in Werthers Brief vom 16. Juli.

Element der Erzählstrategie	„Die Leiden des jungen Werthers“. Brief vom 16. Juli [1771]
Erzählform	
Erzählverhalten	
Innensicht/Außensicht	
Erzählstandort (Verhältnis zwischen Erleben und Erzählen)	

3 Erschließen Sie die Wirkung, die die Erzählstrategie entfaltet:

a Gestalten Sie Werthers Brief vom 16. Juli in Ihrem Kursheft neu in der Er-Form mit einem personalen Erzähler. Wählen Sie Darbietungsformen (► S. 7), die Ihnen passend erscheinen.

b Notieren Sie in der Tabelle für den Originaltext und für die veränderte Erzählform stichpunktartig, wie die jeweilige Erzählweise auf die Leserinnen und Leser wirkt.

Brief vom 16. Juli [1771]	Text in der Er-Form
– *Eindruck von Mündlichkeit, wie wörtliche Rede* – *intensives Miterleben, weil*	

4 Untersuchen Sie die sprachlich-rhetorische Gestaltung des Briefs: Ergänzen Sie die zweite Spalte der Tabelle. Halten Sie in der rechten Tabellenspalte fest, inwiefern die Sprache die Wirkung der Erzählstrategie unterstützt.

Sprache	Textstelle / sprachliches Mittel	Funktion/Wirkung
Wortwahl, Schlüsselbegriffe (► S. 8)	*gehäufte Verwendung von Pronomen in der 1. Person Singular (z. B. Z. 2: „mir", „mein"; Z. 4: „Ich")*	
Besonderheiten des Satzbaus und der Interpunktion (► S. 8)		
rhetorische Figuren (► S. 28 f.)	*Vergleiche („wie vom Feuer", Z. 4 f., „wie vom Wetter gerührt", Z. 12 f.)*	*Die Vergleiche mit der Reaktion auf Naturphänomene betonen die unwillkürliche Intensität von Werthers Gefühlen für Lotte.*

5 a Unterstreichen Sie im Brief alle Wörter und Wendungen, mit denen Werther Lotte beschreibt. Ermitteln Sie das zentrale Wortfeld der Beschreibungen.

Zentrales Wortfeld: ____________________

b Erläutern Sie, was diese Beschreibungen darüber aussagen, wie Werther Lotte wahrnimmt.

____

____

____

____

6 Fassen Sie Ihre Analyseergebnisse zur Erzählstrategie und sprachlichen Gestaltung des Romanauszugs in Ihrem Kursheft schriftlich zusammen. Erklären Sie dabei die Funktion der erzählerisch-sprachlichen Mittel und überprüfen Sie Ihre erste Deutung des Briefs vom 16. Juli (► S. 35, Aufgabe 3).

Kontextualisierung

Info **Monoperspektivischer Briefroman**

Briefromane können **mehrperspektivisch** angelegt sein, indem sie die Korrespondenz mehrerer Protagonisten als Briefwechsel wiedergeben, wobei zumeist das Schicksal einer der Figuren im Mittelpunkt steht. Goethes „Werther" reduziert – von wenigen Ausnahmen am Schluss des Romans abgesehen – die Perspektive auf die Sicht einer einzigen Figur und stellt damit eine radikale Form des **monoperspektivischen** Briefromans dar.

1 Setzen Sie sich mit der Anlage der „Leiden des jungen Werthers" als monoperspektivischem Briefroman auseinander:
- a Inwiefern unterstützt diese Gesamtkonstruktion die von Ihnen analysierte Wirkung des Briefs vom 16. Juli?
- b Worin liegen für den Romanautor bei dieser Konstruktion aus Ihrer Sicht besondere Herausforderungen oder Schwierigkeiten?

Machen Sie sich zu beiden Fragen Notizen in Ihrem Kursheft.

Johann Wolfgang Goethe: **Die Leiden des jungen Werthers** (Auszüge) (1774)

Am 21. Junius.

Ich lebe so glückliche Tage, wie sie Gott seinen Heiligen ausspart; und mit mir mag werden was will, so darf ich nicht sagen, dass ich die Freuden, die reinsten Freuden des Lebens nicht genossen habe. – Du kennst mein Wahlheim; dort bin ich völlig etabliert, von da habe ich nur eine halbe Stunde zu Lotten, dort fühl ich mich selbst und alles Glück, das dem Menschen gegeben ist.

Am 3. November

Weiß Gott! ich lege mich so oft zu Bette mit dem Wunsche, ja manchmal mit der Hoffnung, nicht wieder zu erwachen: und morgens schlage ich die Augen auf, sehe die Sonne wieder und bin elend. O dass ich launisch sein könnte, könnte die Schuld aufs Wetter, auf einen Dritten, auf eine fehlgeschlagene Unternehmung schieben, so würde die unerträgliche Last des Unwillens doch nur halb auf mir ruhen. Wehe mir! ich fühle zu wahr, dass an mir allein alle Schuld liegt, – nicht Schuld! Genug, dass in mir die Quelle alles Elendes verborgen ist, wie ehemals die Quelle aller Seligkeiten. Bin ich nicht noch eben derselbe, der ehemals in aller Fülle der Empfindung herumschwebte, dem auf jedem Tritte ein Paradies folgte, der ein Herz hatte, eine ganze Welt liebevoll zu umfassen? Und dies Herz ist jetzt tot, aus ihm fließen keine Entzückungen mehr, meine Augen sind trocken, und meine Sinne, die nicht mehr von erquickenden Tränen gelabt werden, ziehen ängstlich meine Stirn zusammen. Ich leide viel, denn ich habe verloren, was meines Lebens einzige Wonne war, die heilige, belebende Kraft, mit der ich Welten um mich schuf; sie ist dahin!

2 Der Briefroman zeichnet eine Entwicklung nach, die sich über fast zwei Jahre vollzieht. Vergleichen Sie die oben stehenden Briefe Werthers im Hinblick auf die Stimmung des Ich-Erzählers. Berücksichtigen Sie das Verhältnis von erzählendem und erlebendem Ich und die in den Briefen verwendeten Tempusformen.

Stimmung des Ich-Erzählers	
Brief vom 21. Juni [1771]	**Brief vom 3. November [1772]**

Zusammenführende Deutung

1 Verdeutlichen Sie die Entwicklung, die sich in den drei Briefen vom 21. Juni, 16. Juli (▸ S. 34) und 3. November zeigt. Gehen Sie dazu vor allem auf die Bedeutung der Erzählstrategie und der sprachlichen Mittel ein. Erklären Sie deren Merkmale, ihre jeweilige Funktion für den Inhalt der Romanauszüge und die Wirkung auf die Leser.

Aspekte der Analyse

1 a Visualisieren Sie das Verhältnis von Kohlhaas zu den anderen Figuren, die in dem Textauszug erwähnt werden. Ordnen Sie die Figuren an. Tragen Sie zwischen den Figuren Pfeile ein und versehen Sie diese mit knappen Angaben, die die jeweilige Beziehung oder das Verhalten der Figuren näher erläutern.

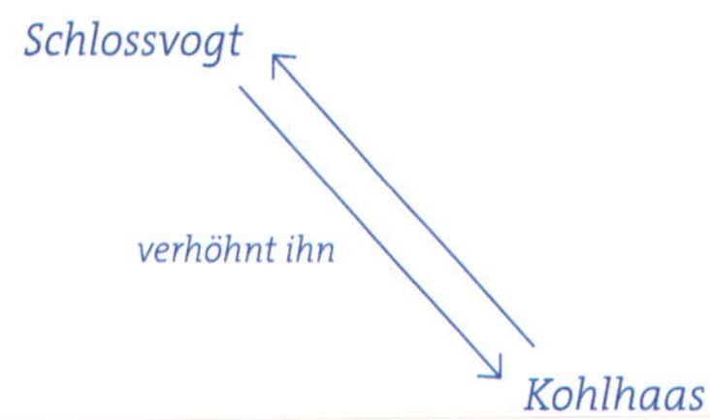

b In welcher Position befindet sich Kohlhaas in dieser Konstellation? Notieren Sie ein Stichwort in der Grafik.

2 Erschließen Sie, welche Rolle das Erzählverhalten bei der Darstellung Kohlhaas' spielt:

a Lesen Sie den Text auf S. 38 f. erneut. Erfassen Sie die Textstellen, in denen der auktoriale Erzähler (► S. 7) die Gefühle und Gedanken Kohlhaas' beschreibt und kommentiert, in einer Tabelle wie unten stehend.

b Deuten Sie die Textstellen im Hinblick auf die Charaktereigenschaften der Figur Kohlhaas und tragen Sie die Funktion der Beschreibungen ebenfalls in die Tabelle ein.

Beschreibungen und Erzählerkommentare	Funktion
„Wie groß war aber sein Erstaunen" (Z. 15) …	*betont die Verwunderung Kohlhaas' angesichts der Behandlung seiner Pferde, das Unerwartete zeigt sein Rechtsbewusstsein*

c Bilanzieren Sie, welche Bedeutung das Erzählverhalten für die Darstellung der Titelfigur hat.

3 Charakterisieren Sie die Figur Kohlhaas zusammenfassend auf Basis des Auszugs aus der Novelle auf S. 38 f.:

a Ordnen Sie die – direkten oder indirekten – Hinweise zu Kohlhaas zunächst nach Aspekten in einer Mindmap.

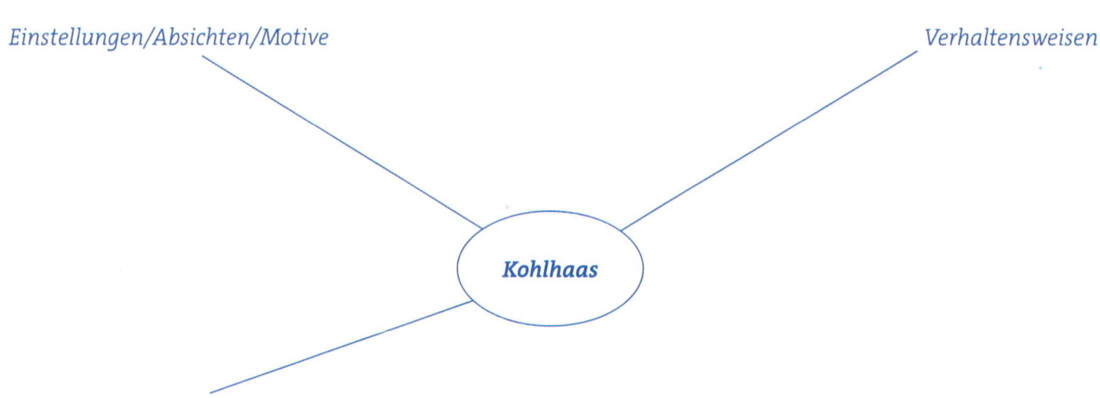

b Schreiben Sie die Charakterisierung in Ihr Kursheft.
Halten Sie darin fest, wie Erzählverhalten sowie Figurendarstellung und Figurenkonstellation zu dem Bild beitragen, dass sich die Leser von Kohlhaas machen.

Methode **Eine literarische Figur charakterisieren**

In einer **Charakterisierung** sollen Sie zusammenfassend darstellen, wie die Figur aus den Signalen des Textes für die Leserinnen und Leser erfahrbar wird (▶ S. 6).
Die Charakterisierung der Figur wird nach verschiedenen Aspekten gegliedert:
- Lebensumstände, Herkunft, Geschlecht, Stand oder sozialer Status, Vorgeschichte,
- äußeres Erscheinungsbild, besondere Merkmale, Gestik, Mimik, typische Tätigkeiten und Verhaltensweisen,
- Verhältnis zu den Mitmenschen,
- Interessen, Vorlieben, Gedanken, Gefühle, Eigenschaften,
- Einstellungen, Absichten, Motive.

Die Charakterisierung wird im Präsens verfasst und enthält angemessene und korrekte Zitate (▶ S. 32).

Kontextualisierung

Heinrich von Kleist: **Michael Kohlhaas. Aus einer alten Chronik** (Auszug) (1810)

Michael Kohlhaas' Rachefeldzug kostet immer mehr Unschuldige das Leben. Schließlich wendet sich der Reformator Martin Luther an den Besessenen.

Unter diesen Umständen übernahm der Doktor Martin Luther das Geschäft, den Kohlhaas, durch die Kraft beschwichtigender Worte, von dem Ansehn, das ihm seine Stellung in der Welt gab, unterstützt, in den Damm der menschlichen Ordnung zurückzudrücken, und auf ein tüchtiges Element in der Brust des Mordbrenners bauend, erließ er ein Plakat folgenden Inhalts an ihn, das in allen Städten und Flecken des Kurfürstentums angeschlagen ward:

„Kohlhaas, der du dich gesandt zu sein vorgibst, das Schwert der Gerechtigkeit zu handhaben, was unterfängst du dich, Vermessener, im Wahnsinn stockblinder Leidenschaft, du, den Ungerechtigkeit selbst, vom Wirbel bis zur Sohle erfüllt? Weil der Landesherr dir, dem du untertan bist, dein Recht verweigert hat, dein Recht in dem Streit um ein nichtiges Gut, erhebst du dich, Heilloser, mit Feuer und Schwert, und brichst, wie der Wolf der Wüste, in die friedliche Gemeinheit, die er beschirmt. Du, der die Menschen mit dieser Angabe, voll Unwahrhaftigkeit und Arglist, verführt: meinst du, Sünder, vor Gott dereinst, an dem Tage, der in die Falten aller Herzen scheinen wird, damit auszukommen? Wie kannst du sagen, dass dir dein Recht verweigert worden ist, du, dessen grimmige Brust, vom Kitzel schnöder Selbstrache gereizt, nach den ersten, leichtfertigen Versuchen, die dir gescheitert, die Bemühung gänzlich aufgegeben hat, es dir zu verschaffen? Ist eine Bank voll Gerichtsdienern und Schergen, die einen Brief, der gebracht wird, unterschlagen, oder ein Erkenntnis, das sie abliefern sollen, zurückhalten, deine Obrigkeit? Und muss ich dir sagen, Gottvergessener, dass deine Obrigkeit von deiner Sache nichts weiß – was sag ich? dass der Landesherr, gegen den du dich auflehnst, auch deinen Namen nicht kennt, dergestalt, dass wenn dereinst du vor Gottes Thron trittst, in der Meinung, ihn anzuklagen, er, heiteren Antlitzes, wird sprechen können: diesem Mann, Herr, tat ich kein Unrecht, denn sein Dasein ist meiner Seele fremd? Das Schwert, wisse, das du führst, ist das Schwert des Raubes und der Mordlust, ein Rebell bist du und kein Krieger des gerechten Gottes, und dein Ziel auf Erden ist Rad und Galgen, und jenseits die Verdammnis, die über die Missetat und die Gottlosigkeit verhängt ist.
Wittenberg, usw. *Martin Luther.*"

1 a Unterstreichen Sie in dem oben stehenden Auszug alle Begriffe, mit denen Luther Kohlhaas bezeichnet.
b Kennzeichnen Sie die Textstellen, aus denen hervorgeht, was der Theologe Martin Luther dem Pferdehändler Michael Kohlhaas vorwirft.
c Erstellen Sie eine zweite Figurenkonstellation, aus der Kohlhaas' Stellung zu dem beschriebenen Zeitpunkt hervorgeht. Nutzen Sie für die Grafik Ihr Kursheft.

Zusammenführende Deutung

1 Verdeutlichen Sie schriftlich, inwiefern die Titelfigur als „rechtschaffen" und zugleich „entsetzlich" bezeichnet werden kann. Erklären Sie, welcher Zusammenhang zwischen den beiden Charakterisierungen besteht.
Berücksichtigen Sie
- das Erzählverhalten,
- die Figurendarstellung und Figurenkonstellation,
- die Handlungsentwicklung (so wie sie mit Hilfe der beiden Textauszüge erkennbar wird).

2.4 Franz Kafka: Der Prozess – Vertiefende Übungen zu den Aspekten Raum- und Zeitgestaltung

Info **Franz Kafka: Der Prozess (1914/15)**

Franz Kafka wurde die Ehre zuteil, mit seinem Namen in den allgemeinen Wortschatz einzugehen. Als „kafkaesk" bezeichnet man eine Situation, die rätselhaft, bedrohlich, unheimlich oder absurd erscheint. Die **Helden** von Kafkas Werken treffen immer wieder auf undurchschaubare Mächte, denen sie **rettungslos ausgeliefert** sind. So ergeht es auch dem Protagonisten seines unvollendet gebliebenen und erst nach seinem Tod und gegen seinen ausdrücklichen Willen 1925 herausgegebenen Romans „Der Prozess".
Josef K. wird an seinem 30. Geburtstag **ohne Angabe von Gründen** mitgeteilt, er sei **verhaftet.** Damit beginnt eine Verkettung höchst mysteriöser Umstände, in deren Folge sich die Hauptfigur immer tiefer in dem wahnwitzigen **Labyrinth einer anonymen Bürokratie** verliert. Alle seine Versuche, zu erfahren, worin seine Schuld besteht, sind vergeblich. Wie in einem Albtraum gerät Josef K. immer mehr in das Räderwerk einer undurchschaubaren Justiz, aus der er keinen Ausweg mehr findet und die ihn von seinen Mitmenschen entfremdet. Ein Jahr nach Beginn des Prozesses wird er von zwei Henkern in einem Steinbruch **hingerichtet.**

Franz Kafka: **Der Prozess** (Auszug) (1914/15)

Josef K. wird zu einer Untersuchung vorgeladen, die in einem verwinkelten Miethaus in einem verkommenen Wohnviertel stattfindet. K. weiß nicht, in welchem der vielen Zimmer sich die Untersuchungskommission befindet. Unter dem Vorwand, einen Tischler namens Lanz zu suchen, öffnet er viele Räume, bis er schließlich ein Nebenzimmer betritt.

K. glaubte in eine Versammlung einzutreten. Ein Gedränge der verschiedensten Leute – niemand kümmerte sich um den Eintretenden – füllte ein mittelgroßes, zweifenstriges Zimmer, das knapp an der Decke von einer Galerie umgeben war, die gleichfalls vollständig besetzt war und wo die Leute nur gebückt stehen konnten und mit Kopf und Rücken an die Decke stießen. K., dem die Luft zu dumpf war, trat wieder hinaus und sagte zu der jungen Frau, die ihn wahrscheinlich falsch verstanden hatte: „Ich habe nach einem Tischler, einem gewissen Lanz gefragt?" „Ja", sagte die Frau, „gehn Sie bitte hinein." K. hätte ihr vielleicht nicht gefolgt, wenn die Frau nicht auf ihn zugegangen wäre, die Türklinke ergriffen und gesagt hätte: „Nach Ihnen muss ich schließen, es darf niemand mehr hinein." „Sehr vernünftig", sagte K., „es ist aber schon jetzt zu voll." Dann ging er aber doch wieder hinein.

Zwischen zwei Männern hindurch, die sich unmittelbar bei der Tür unterhielten – der eine machte mit beiden, weit vorgestreckten Händen die Bewegung des Geldaufzählens, der andere sah ihm scharf in die Augen –, fasste eine Hand nach K. Es war ein kleiner, rotbäckiger Junge. „Kommen Sie, kommen Sie", sagte er. K. ließ sich von ihm führen, es zeigte sich, dass in dem durcheinanderwimmelnden Gedränge doch ein schmaler Weg frei war, der möglicherweise zwei Parteien schied; dafür sprach auch, dass K. in den ersten Reihen rechts und links kaum ein ihm zugewendetes Gesicht sah, sondern nur die Rücken von Leuten, welche ihre Reden und Bewegungen nur an Leute ihrer Partei richteten. Die meisten waren schwarz angezogen, in alten, lange und lose hinunterhängenden Feiertagsröcken. Nur diese Kleidung beirrte K., sonst hätte er das Ganze als eine politische Bezirksversammlung angesehn.

Am andern Ende des Saales, zu dem K. geführt wurde, stand auf einem sehr niedrigen, gleichfalls überfüllten Podium ein kleiner Tisch, der Quere nach aufgestellt, und hinter ihm, nahe am Rand des Podiums, saß ein kleiner, dicker, schnaufender Mann, der sich gerade mit einem hinter ihm Stehenden – dieser hatte den Ellbogen auf die Sessellehne gestützt und die Beine gekreuzt – unter großem Gelächter unterhielt. Manchmal warf er den Arm in die Luft, als karikiere er jemanden. Der Junge, der K. führte, hatte Mühe, seine Meldung vorzubringen. Zweimal hatte er schon, auf den Fußspitzen stehend, etwas auszurichten versucht, ohne von dem Mann oben beachtet worden zu sein. Erst als einer der Leute oben auf dem Podium auf den Jungen aufmerksam machte, wandte sich der Mann ihm zu und hörte hinuntergebeugt seinen leisen Bericht an. Dann zog er seine Uhr und sah schnell nach K. hin. „Sie hätten vor einer Stunde und fünf Minuten erscheinen sollen", sagte er. K. wollte etwas antworten, aber er hatte keine Zeit, denn kaum hatte der Mann ausgesprochen, erhob sich in der rechten Saalhälfte ein allgemeines Murren. „Sie hätten vor einer Stunde und fünf Minuten erscheinen sollen", wiederholte nun der Mann mit erhobener Stimme und sah nun auch schnell in den Saal hinunter. Sofort wurde auch das Murren stärker und verlor sich, da der Mann nichts mehr sagte, nur allmählich. Es war jetzt im Saal viel stiller als bei K.s Eintritt. Nur die Leute auf der Galerie hörten nicht auf, ihre Bemerkungen zu machen. Sie schienen, soweit man oben in dem Halbdunkel, Dunst und Staub etwas unterscheiden konnte, schlechter angezogen zu sein als die unten. Manche hatten Polster mitgebracht, die sie zwischen den Kopf und die Zimmerdecke gelegt hatten, um sich nicht wundzudrücken. [...]

[...] „Und nun treten Sie vor!“ Irgendjemand sprang vom Podium herunter, sodass für K. ein Platz frei wurde, auf den er hinaufstieg. Er stand eng an den Tisch gedrückt, das Gedränge hinter ihm war so groß, dass er ihm Widerstand leisten musste, wollte er nicht den Tisch des Untersuchungsrichters und vielleicht auch diesen selbst vom Podium hinunterstoßen.

Erstes Textverständnis

1 Lesen Sie den Textauszug (► S. 42 f.) und unterstreichen Sie darin in unterschiedlichen Farben Beschreibungen
- des Gerichtssaals,
- der dort anwesenden Figuren,
- der dort herrschenden Atmosphäre.

2 Beschreiben Sie, wie die Gerichtsszene aus „Der Prozess“ auf Sie wirkt. Berücksichtigen Sie dabei, was Sie für gewöhnlich von einem Gerichtsgebäude, den dort arbeitenden Menschen und der Atmosphäre in einem Gerichtssaal erwarten. Notieren Sie Stichworte.

Gericht: __________

Figuren: __________

Atmosphäre: __________

Aspekte der Analyse

Der analytische Schwerpunkt der folgenden Übungen ist die **Raum- und Zeitgestaltung.**

1 Untersuchen Sie die Raumgestaltung (► S. 7) in diesem Romanauszug:

a Halten Sie zunächst in einer Skizze fest, wie Sie sich den Gerichtssaal, die Figuren und die Atmosphäre vorstellen.

b Erläutern Sie die Funktion der Raumgestaltung im Hinblick auf die Hauptfigur. Achten Sie dabei z. B. auf das Verhältnis zwischen dem Einzelnen und der Masse, Freiheit und Enge, Ordnung und Chaos.

2.5 Basistraining – In fünf Schritten ein Thema literarisch erörtern

Aufgabenbeispiel

1. Analysieren/Interpretieren Sie die Auszüge aus Juli Zehs Roman „Corpus Delicti" im Hinblick auf die Argumentation der Figuren Sophie und Kramer. Berücksichtigen Sie dabei die sprachliche Gestaltung.
2. Setzen Sie sich vor dem Hintergrund Ihrer Kenntnisse und Erfahrungen kritisch mit der in den Romanauszügen gestalteten Vision einer Gesellschaft auseinander.

Juli Zeh: **Corpus Delicti. Ein Prozess** (Auszüge) (2009)

Deutschland, Mitte des 21. Jahrhunderts. Die herrschende Regierung – genannt: die METHODE – hat die Gesundheit aller Staatsangehörigen zum höchsten Ziel erklärt. Dazu hat sie ein System der öffentlichen Vorsorge mit verschiedenen Regeln und Maßnahmen eingeführt. Implantierte Mikrochips senden Werte über den Gesundheitszustand und die Lebensführung, Rauschmittel wie Nikotin und Alkohol sind verboten. Die junge Wissenschaftlerin Mia Holl ist lange Zeit eine Anhängerin der METHODE, bis sie vom Tod ihres Bruders, der als Regimekritiker zu Unrecht der Vergewaltigung und des Mordes angeklagt wird und sich das Leben nimmt, aus der Bahn geworfen wird. Mia Holl vernachlässigt die Vorsorge und ermittelt die Tatumstände, um die Unschuld ihres Bruders zu beweisen. Darüber wird sie selbst ein Fall für das staatliche Gericht.

Nachdem Mia Holls Nachlässigkeit in der Gesundheitsvorsorge aktenkundig geworden ist, wird ihr Fall am Amtsgericht von einer Richterin (Sophie), dem Staatsanwalt (Bell) und einem Anwalt (Rosentreter) verhandelt.

„Mia Holl [...]. Was liegt vor?", fragt Sophie.
„Vernachlässigung der Meldepflichten", sagt Bell. „Schlafbericht und Ernährungsbericht wurden im laufenden Monat nicht eingereicht. Plötzlicher Einbruch im sportlichen Leistungsprofil. Häusliche Blutdruckmessung und Urintest nicht durchgeführt."
„Zeigen Sie mir die allgemeinen Daten."
Auf einen Wink von Bell laufen lange Listen über die Präsentationsfläche. Blutwerte, Informationen zu Kalorienverbrauch und Stoffwechselabläufen, dazu einige Diagramme mit Leistungskurven.
„Die ist doch gut drauf", sagt Sophie und gibt Rosentreter damit das Stichwort.
„Keine Vorbelastungen. Erfolgreiche Biologin mit Idealbiografie. Keine Anzeichen von physischen oder sozialen Störungen."
„Hat sie die ZPV in Anspruch genommen?"
„Bis jetzt liegt kein Antrag bei der Zentralen Partnerschaftsvermittlung vor."
„Eine schwierige Phase. Nicht wahr, Jungs?" Die Richterin lacht über Bells säuerliche und Rosentreters erschrockene Miene. „Ich würde in diesem Fall gern auf eine Verwarnung verzichten und Hilfestellung anbieten. Einladung zum Klärungsgespräch."

Da Mia Holl nicht freiwillig zu dem anberaumten „Klärungsgespräch" erscheint, wird sie vorgeladen. Der folgende Dialog stammt aus der Anhörung.

„Frau Holl", sagt Sophie und rümpft ihre niedliche Nase. „Sie sind organisch völlig gesund. Aber ihre Seele leidet. Sind wir uns so weit einig?"
„Ja."
„Warum wollen Sie sich dann nicht helfen lassen?"
„Ich hielt meinen Schmerz für meine Privatangelegenheit."
[...]
„Frau Holl", sagt Sophie und fährt sich mit dem Handrücken über die Augen, „ich muss Sie bitten, mir zu erklären, was Sie mit Privatangelegenheit meinen."
Mia springt auf und unternimmt eine Wanderung durch den Raum, als ob sie nach Fenstern suchte, die es hier nicht gibt.
„Ich will nur Ruhe", sagt sie schließlich.
„Bitte setzen Sie sich."
„Ich bin kein Schulmädchen. Es gibt Dinge, die brauchen Zeit. Um nichts anderes bitte ich Sie. Um Ruhe und Zeit." [...]
„Passen Sie jetzt gut auf", sagt Sophie. „Was geschähe, wenn Sie krank würden?"
„Ein Arzt würde sich um mich kümmern."
„Und wer käme dafür auf?"
„Ich ... könnte das selbst bezahlen."
„Und wenn Sie mittellos wären? Soll die Gemeinschaft Sie verenden lassen?"
Mia schweigt.
„Wenn wir vernünftig denken", sagt Sophie, „schuldet die Gemeinschaft Ihnen Fürsorge in der Not. Dann aber schulden Sie der Gemeinschaft das Bemühen, diese Not zu vermeiden. Ist das nachvollziehbar?"
„Ich könnte die Krankheit ertragen", sagt Mia störrisch.
„Frau Holl", ruft Sophie, „wissen Sie, wovon Sie da sprechen? Kennen Sie körperliche Schmerzen, die in der Lage sind, Ihnen den Verstand zu rauben? Wissen Sie, was die Leute in früheren Zeiten durchgemacht haben? Leben bedeutete, sich selbst beim langsamen Sterben zuzusehen. Jeder Schritt in die Welt konnte ein Schritt ins Verderben sein, jedes Ziehen in der Brust oder Kribbeln im Arm der Anfang vom Ende. Die Angst davor, an sich selbst zugrunde zu gehen, war den Menschen ein ständiger Begleiter. Das *Wesen* dieser Menschen war die Angst.

Ist es nicht ein großes Glück, dieses Zustand überwunden zu haben?“

Mia schweigt.

„Sie stimmen mir zu, Frau Holl, das sehe ich Ihnen an. Es liegt in Ihrem Interesse, jede Form von Krankheit zu vermeiden. In dem Punkt decken sich Ihre Interessen mit jenen der METHODE, und auf diese Übereinstimmung stützt sich unser gesamtes System. Es besteht eine enge Verbindung zwischen dem persönlichen und dem allgemeinen Wohl, die in solchen Fällen keinen Raum für Privatangelegenheiten lässt.“

„Das weiß ich doch“, sagt Mia leise.

Mia Holls Gegenspieler ist Heinrich Kramer. Der Journalist besitzt große Macht im System der METHODE: Er verbreitet deren Grundsätze medial, unter anderem in dem Periodikum „Der gesunde Menschenverstand“. Er scheint überall zu sein und alles zu wissen. Bei zwei Besuchen bei Mia Holl entfaltet er seine Ansichten:

„Unsere Gesellschaft ist am Ziel“, sagt Kramer, während er den Wasserkocher befüllt. „Im Gegensatz zu allen Systemen der Vergangenheit gehorchen wir weder dem Markt noch einer Religion. Wir brauchen keine verstiegenen Ideologien. Wir brauchen nicht einmal den bigotten[1] Glauben an eine Volksherrschaft, um unser System zu legitimieren. Wir gehorchen allein der Vernunft, indem wir uns auf eine Tatsache berufen, die sich unmittelbar aus der Existenz von biologischem Leben ergibt. Denn ein Merkmal ist jedem lebenden Wesen zu eigen. Es zeichnet jedes Tier und jede Pflanze und erst recht den Menschen aus: Der unbedingte, individuelle und kollektive Überlebenswille. Ihn erheben wir zur Grundlage der großen Übereinkunft, auf die sich unsere Gesellschaft stützt. Wir haben eine METHODE entwickelt, die darauf abzielt, jedem Einzelnen ein möglichst langes, störungsfreies, das heißt, gesundes und glückliches Leben zu garantieren. Frei von Schmerz und Leid. Zu diesem Zweck haben wir unseren Staat hochkomplex organisiert, komplexer als jeden anderen vor ihm. Unsere Gesetze funktionieren in filigraner Feinabstimmung, vergleichbar dem Nervensystem eines Organismus. Unser System ist perfekt, auf wundersame Weise lebensfähig und stark wie ein Körper – allerdings ebenso anfällig. Ein simpler Verstoß gegen eine der Grundregeln kann diesen Organismus schwer verletzen oder sogar töten. [...]“

[...]

„Das Leben“, sagt Mia leichthin, „beginnt nun einmal auf der Höhe seiner Kraft, um sich von diesem Punkt aus, immer abwärts führend, seinem Ende zu nähern. Ein grober dramaturgischer Fehler.“

„D'accord.[2] Und hinter die Erkenntnis, dass es diesen Fehler nicht anzubeten, sondern auszubügeln gilt, kann niemand mehr zurück. Was sollte vernünftigerweise dagegen sprechen, Gesundheit als Synonym für Normalität zu betrachten? Das Störungsfreie, Fehlerlose, Funktionierende: Nichts anderes taugt zum Ideal.“

1 **bigott:** scheinheilig

2 **d'accord:** einverstanden

Erster Schritt: Die Aufgabenstellung verstehen

Info **Literarische Erörterung**

Die **literarische Erörterung** befasst sich speziell mit einer **Problemstellung der Literatur bzw. der Literaturwissenschaft.** Darin werden z. B. **literaturgeschichtliche** oder **gattungstheoretische Fragen** erörtert oder **Fragen der literarischen Wertung** aufgeworfen. Im vorliegenden Fall – der **textgebundenen Erörterung** – sollen Sie sich argumentativ und wertend mit einem literarisch gestalteten Thema auseinandersetzen. Dabei sollen Sie zunächst die Textvorlage aspektorientiert analysieren und anschließend die in der Aufgabenstellung enthaltene Frage strukturiert erörtern, d. h. eigene Gedanken zu der Problemstellung entwickeln, die Befunde aus Ihrer Textanalyse aufgreifen und sie zu Ihren Kenntnissen und Wertvorstellungen in Beziehung setzen, die unterschiedlichen Positionen und Argumente abwägen und begründet Stellung nehmen.

1 Formulieren Sie mit eigenen Worten, was in den beiden Teilen der Aufgabenstellung (▸ S. 46) verlangt wird.

Zweiter Schritt: Erstes Textverständnis und Ideen formulieren

1 Lesen Sie die Romanauszüge (► S. 46 f.).
Notieren Sie spontan Ihre Gedanken und Assoziationen zu dem System „METHODE".

___

___

___

2 Stellen Sie Vermutungen zum weiteren Verlauf der Handlung und zum Schicksal Mia Holls an.
Schreiben Sie im Heft.

Dritter Schritt: Die Textvorlagen analysieren/interpretieren und eigene Argumente entwickeln

Zum 1. Aufgabenteil: Die Textvorlagen analysieren/interpretieren

1 Markieren Sie in den Romanauszügen in verschiedenen Farben
- Aussagen, in denen Sophie und Kramer ihre Ansichten über das Gesellschaftssystem der „METHODE" darlegen,
- Textstellen, aus denen Sie erschließen können, welche Methoden die „METHODE" anwendet.

2 Nehmen Sie die Sprache und Rhetorik der Aussagen Sophies und Kramers näher unter die Lupe:
Erfassen Sie Textstellen mit auffallenden Stilmitteln in einer Tabelle in Ihrem Kursheft.
Benennen Sie die rhetorischen Figuren (► S. 28 f.) und beschreiben Sie die Wirkung, die durch sie erzeugt wird.

Textstelle	rhetorische Figur	Funktion/Wirkung
„schuldet die Gemeinschaft Ihnen Fürsorge [...]. Dann aber schulden Sie der Gemeinschaft [...]" (Z. 51–53)	*Chiasmus*	*Durch die spiegelbildliche Anordnung der Begriffe wird die Verpflichtung für Mia betont.*
„‚wissen Sie [...]? Wissen Sie [...]?'" (Z. 56–58)		

3 a Formulieren Sie die Hauptthese, die Kramer und Sophie vertreten, mit eigenen Worten in Ihrem Kursheft.
b Prüfen Sie die These kritisch. Notieren Sie dazu in Ihrem Kursheft die wichtigsten Argumente, die Kramer und Sophie zur Stützung der These anführen, und beurteilen Sie die Stichhaltigkeit der Argumente.

Argument	Kommentar zur Stichhaltigkeit des Arguments
In früheren Staatssystemen lebten die Menschen in permanenter Angst vor Krankheit und Tod.	...

4 Drei Mal berufen sich die Richterin Sophie und der Journalist Kramer auf den Begriff Vernunft, um ihre Thesen zu stützen (Z. 51, 84, 111). Kreuzen Sie an, um welchen Argumenttyp es sich dabei jeweils handelt.

- ☐ Faktenargument (Die These wird in Beziehung zu einer unstrittigen, nachprüfbaren Tatsachenaussage gebracht.)
- ☐ Normatives Argument (Die These wird mit weithin akzeptierten Wertmaßstäben verknüpft.)
- ☐ Autoritätsargument (Es wird die ähnlich lautende Position einer weithin akzeptierten Autorität herangezogen.)

Zum 2. Aufgabenteil: Eigene Argumente entwickeln

5 Ermitteln Sie anhand der Romanauszüge, welche Auswirkungen das System „METHODE" auf das Leben der „Staatsangehörigen" hat. Berücksichtigen Sie dabei Ihre Markierungen aus Aufgabe 1 (► S. 48 Mitte) und beziehen Sie die Rhetorik Sophies und Kramers mit ein. Welche Intention verfolgt die „METHODE" Ihrer Ansicht nach?

Intention der METHODE: ______________________________

____

6 a Entscheiden Sie, ob Sie Kramers und Sophies Position ganz, teilweise oder gar nicht zustimmen.
b Notieren Sie entsprechend Ihrer Position weitere unterstützende Argumente und Beispiele und/oder Gegenargumente mit Belegen und Beispielen. Greifen Sie dazu auf weitere Kenntnisse und eigene Erfahrungen zurück. Halten Sie Ihre Ergebnisse in einer Mindmap fest.

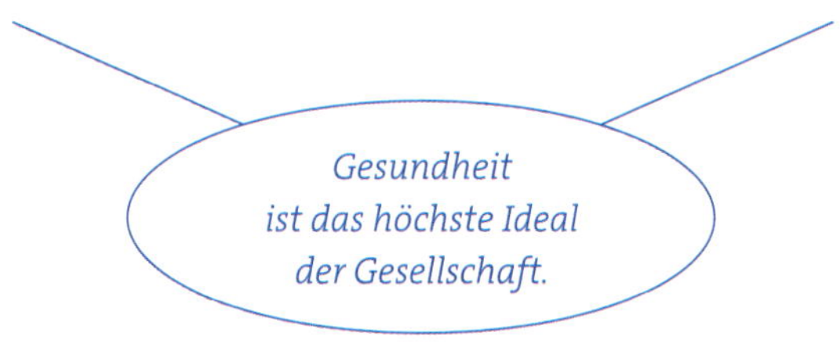

7 Formulieren Sie ein persönliches Fazit zu der Frage: Ist die in Juli Zehs Roman „Corpus Delicti" entworfene Gesellschaft wünschenswert?

____

____

Vierter Schritt: Den Schreibplan erstellen und den Text schreiben

1 Wählen Sie anhand Ihrer Ergebnisse aus Aufgabe 6 eine sinnvolle Struktur für Ihre Erörterung (► S. 23).

2 Verfassen Sie den vollständigen Aufsatz in Ihrem Heft. Beachten Sie die Formulierungen in der Aufgabenstellung (► S. 46) und die Gewichtung der Teilaufgaben.

Fünfter Schritt: Den eigenen Text überarbeiten

1 Prüfen Sie Ihren Text mit Hilfe der folgenden Checkliste und überarbeiten Sie ihn gegebenenfalls.

Checkliste **Eine literarische Erörterung schreiben**

- Habe ich meinen Aufsatz für die Leser/innen übersichtlich **gegliedert** (Absätze)?
- Habe ich in einem **Einleitungssatz** Autor/Autorin, Titel, Textsorte und Erscheinungsjahr genannt?
- Habe ich knapp über den **Inhalt** der Textauszüge und über das **Thema** informiert?
- Habe ich die **Hauptaussagen** der literarischen Figuren, deren **sprachliche Mittel** und **Intention** verdeutlicht (1. Aufgabenteil)?
- Habe ich die zentrale These auf Stichhaltigkeit hin geprüft, eigene Gedanken zum **Thema der Erörterung** entwickelt und meine Position argumentativ schlüssig und sinnvoll strukturiert dargestellt (2. Aufgabenteil)?
- Habe ich am Ende meine Position in einem **Fazit** zusammengefasst?

3.1 Basistraining: In fünf Schritten ein Gedicht analysieren/interpretieren

Aufgabenbeispiel

Analysieren/Interpretieren Sie das Gedicht „Die Dämmerung“ von Alfred Lichtenstein im Hinblick auf die Darstellung von Mensch und Natur. Berücksichtigen Sie dabei auch den Titel und die formale und sprachliche Gestaltung des Gedichts.

Alfred Lichtenstein: **Die Dämmerung** (1911)

Ein dicker Junge spielt mit einem Teich.
Der Wind hat sich in einem Baum gefangen.
Der Himmel sieht verbummelt aus und bleich,
Als wäre ihm die Schminke ausgegangen.

Auf lange Krücken schief herabgebückt
Und schwatzend kriechen auf dem Feld zwei Lahme.
Ein blonder Dichter wird vielleicht verrückt.
Ein Pferdchen stolpert über eine Dame.

An einem Fenster klebt ein fetter Mann.
Ein Jüngling will ein weiches Weib besuchen.
Ein grauer Clown zieht sich die Stiefel an.
Ein Kinderwagen schreit und Hunde fluchen.

Erster Schritt: Die Aufgabenstellung verstehen

1 a Erstellen Sie eine Liste mit den Arbeitsschritten, die die Aufgabenstellung von Ihnen verlangt. Bedenken Sie dabei, welche Arbeitsschritte der Operator „analysieren/interpretieren“ umfasst (▸ S. 21) und welche Aspekte der Analyse/Interpretation in der Aufgabe konkret benannt werden.

Ich soll eine Einleitung, einen Hauptteil und einen Schluss schreiben.

Ich soll Form und Sprache des Gedichts analysieren und zu _______ *in Beziehung setzen.*

b Vergleichen Sie Ihre Aufstellung mit den Informationen zur Aufgabenart „Analyse/Interpretation“ (▸ S. 21) und mit der Checkliste auf S. 54. Ergänzen Sie gegebenenfalls Ihre Liste.

Zweiter Schritt: Erstes Textverständnis und Ideen formulieren

1 a Markieren Sie im Gedichttext (► S. 50) in verschiedenen Farben, wie jeweils die Menschen und die Natur beschrieben werden.

b Erfassen Sie zentrale Begriffe (Adjektiv- und Verbformen) mit Versangabe in der Tabelle.

Mensch	Natur
„dick" (V. 1)	*„gefangen" (V. 2)*

2 Versuchen Sie in einem ersten Entwurf festzuhalten, was Ihnen an der Sprache und der Form des Gedichts „Die Dämmerung" bemerkenswert erscheint. Sie können die unten stehenden Satzanfänge fortsetzen oder eigene Sätze formulieren.

Als ein besonderes Merkmal der sprachlichen Gestaltung ist zu nennen, dass ____________________

____

____

Formal besonders auffällig ist ____________________

____

____

3 Kreuzen Sie diejenige/n der folgenden Thesen zur Aussage des Gedichts „Die Dämmerung" an, der oder denen Sie zustimmen können. Begründen Sie in Ihrem Kursheft jeweils knapp unter Bezug auf den Text, warum die Deutungen aus Ihrer Sicht zutreffen oder nicht.

- ☐ Das Gedicht „Die Dämmerung" kritisiert den Alltag von Menschen in einer Großstadt, in der die Natur keinen Platz hat.
- ☐ In dem Gedicht „Die Dämmerung" werden die Menschen als orientierungslos und krank in einer verrückt gewordenen Welt gezeigt.
- ☐ Die Beschreibungen in dem Gedicht „Die Dämmerung" sollen zum Ausdruck bringen, dass die Natur dem Menschen in jeder Hinsicht überlegen ist.

4 Formulieren Sie eine eigene Deutungsthese. Konzentrieren Sie sich dabei auf den in der Aufgabenstellung genannten Untersuchungsaspekt „Darstellung von Mensch und Natur". Berücksichtigen Sie den Titel und aktivieren Sie gegebenenfalls Ihr Vorwissen zur Entstehungszeit des Gedichts.

____

____

____

Dritter Schritt: Den Text analysieren/interpretieren

1 a Untersuchen Sie das Gedicht inhaltlich genauer: Lesen Sie es Vers für Vers und machen Sie sich Notizen zur Deutung neben dem Text (▶ S. 50).
Beispiel: Der Wind hat sich in einem Baum gefangen. → *Enge, Gefangensein*

b Beschreiben Sie, auf welche Weise der lyrische Sprecher seine Beobachtungen, Eindrücke und Gedanken im Verlauf des Gedichts zum Ausdruck bringt. Wählen Sie aus dem Wortspeicher passende Begriffe aus.

chronologisch • gegenwärtig • kausal logisch verknüpft • auf die Vergangenheit bezogen • zusammenhanglos • simultan

____

____

____

2 Bestimmen Sie die formalen Merkmale des Gedichts „Die Dämmerung“:

a Erfassen Sie die Strophen- und Versanzahl, das Metrum und das Reimschema (▶ S. 12). Sie können dazu Markierungen im Text auf S. 50 vornehmen.

Anzahl Strophen: ______________ Anzahl Verse je Strophe: ______________

Metrum: ______________ Reimschema: ______________

Info **Verhältnis von Vers und Satz im Gedicht**

- **Zeilenstil:** Satzende und Versende stimmen überein; der Vers schließt mit einer Pause.
- **Enjambement** (frz. Zeilensprung): Der Satz überspringt das Versende und setzt sich im folgenden Vers fort. Am Versende bzw. beim „Sprung“ entsteht keine Pause.

b Prüfen Sie, inwiefern Lichtensteins Gedicht Enjambements oder Zeilenstil aufweist und welches Verhältnis von Vers und Satz überwiegt.

____

____

Alfred Lichtenstein: **Die Dämmerung** (1911)

Ein dicker Junge spielt mit einem Teich.
Der Wind hat sich in einem Baum gefangen. — Anapher
Der Himmel sieht verbummelt aus und bleich,
Als wäre ihm die Schminke ausgegangen. — Parallelismus

Auf lange Krücken schief herabgebückt — Personifikation
Und schwatzend kriechen auf dem Feld zwei Lahme.
Ein blonder Dichter wird vielleicht verrückt.
Ein Pferdchen stolpert über eine Dame.

An einem Fenster klebt ein fetter Mann.
Ein Jüngling will ein weiches Weib besuchen.
Ein grauer Clown zieht sich die Stiefel an.
Ein Kinderwagen schreit und Hunde fluchen.

3 Analysieren Sie die sprachlich-rhetorische Gestaltung des Gedichts (▶ S. 8, S. 28 f.):

a Ordnen Sie die im Gedichttext auf S. 52 unten hervorgehobenen Textstellen den passenden Fachbegriffen rechts neben dem Text zu, indem Sie die Begriffe mit der gleichen Markierung versehen.

b Ergänzen Sie weitere sprachlich-rhetorische Mittel, die das Gedicht aufweist, und markieren Sie Belege im Text entsprechend: Alliteration, Hyperbel, Metapher, Metonymie, Oxymoron, Paradoxon, Parataxe.

4 Stellen Sie Bezüge zwischen der Darstellung von Mensch und Natur in dem Gedicht „Die Dämmerung" und der formalen und sprachlichen Gestaltung des Gedichts her.

- Beziehen Sie sich auf Ihre Ergebnisse aus Aufgabe 4, S. 51, und Aufgabe 1, S. 52, zur Deutung des Gedichts.
- Beurteilen Sie jeweils, ob die formalen Merkmale die Aussage des Gedichts unterstützen oder in Kontrast zu ihr stehen.
- Sammeln Sie Ihre Analyseergebnisse zum Wechselbezug zwischen Inhalt und Form in Ihrem Kursheft, um beim Verfassen des Hauptteils darauf zurückgreifen zu können.
  Beispiele:
  Die Reihung einzelner Beobachtungen im Zeilenstil unterstreicht den Eindruck der Zusammenhang- und Sinnlosigkeit der Welt.
  Die Formulierung „Ein Pferdchen stolpert über eine Dame" (V. 8) weckt Zweifel an der Zuverlässigkeit des Gesehenen und lässt die Realität als grotesk erscheinen.

Formulierungsbausteine **Inhalt, Sprache und Form in Beziehung setzen (Gedichte)**

- *Die konventionelle Form des Gedichts und sein gleichmäßiges, ruhiges Metrum stehen im Kontrast zu dem Eindruck von ... und ..., der in den Beschreibungen entfaltet wird.*
- *Die Personifikationen (z. B. „...", V. ..., und „...", V. ...) machen Naturereignisse zu Subjekten, die Gefühle von Betrübnis und Unzufriedenheit entwickeln können.*
- *Dagegen bewirkt die Metonymie „..." (V. ...), dass ein menschliches Wesen auf ein Ding reduziert und wahrgenommen wird.*
- *Die Übertreibungen ... verstärken den Eindruck von ... und lassen die Menschen ... erscheinen.*
- *Eine auffällige Besonderheit des Satzbaus ist dessen Schlichtheit und die Häufung von ... ohne Gebrauch von Konjunktionen. Dies unterstreicht die Vereinzelung der Sinneseindrücke, weil ...*

5 Deuten Sie den Titel „Die Dämmerung" vor dem Hintergrund Ihrer Analyse von Inhalt, Form und Sprache des Gedichts. Erläutern Sie, inwiefern der Titel zum Gedichtinhalt passt. Schreiben Sie in Ihrem Kursheft.

Vierter Schritt: Den Schreibplan erstellen und den Text schreiben

1 a Entscheiden Sie, ob Sie Ihre Gedichtanalyse/-interpretation linear (Vers für Vers, Strophe für Strophe) oder (mit Blick auf den Untersuchungsschwerpunkt) aspektorientiert (z. B. zunächst die Darstellung der Natur betreffend, dann auf die Darstellung der Menschen eingehend) anlegen möchten.

b Erstellen Sie in Ihrem Kursheft eine Gliederung (▶ S. 31) und ordnen Sie Ihre Arbeitsergebnisse aus den vorhergehenden Aufgaben stichwortartig in diese ein.
Beispiel:

Einleitung = Fakten und Thema:
Autor: Alfred Lichtenstein, Titel: ..., Erscheinungsjahr: ..., Thema: ...
Hauptteil = Ergebnisse der Analyse:
Erfassen und Deuten der Darstellung von Mensch und Natur: ...
dabei: Form des Gedichts beschreiben: 3 Strophen, ...
sprachlich-rhetorische Mittel benennen: z. B. Personifikationen ...
Inhalt-Form-Bezug aufzeigen: ...
Deutung mit Zitaten belegen: ...
auf den Titel des Gedichts eingehen: ...
Schluss = zusammenfassendes Fazit / Schlussbetrachtung: ...

2 a Prüfen Sie, inwiefern sich die folgenden Sätze als Einleitungssätze für einen Aufsatz zu der Aufgabenstellung (► S. 50) eignen. Kreuzen Sie den aus Ihrer Sicht gelungensten Einleitungssatz an und begründen Sie Ihre Wahl kurz in Ihrem Kursheft.

- ☐ *Das Gedicht „Die Dämmerung" (1911) von Alfred Lichtenstein thematisiert den katastrophalen Zustand der Welt.*
- ☐ *Alfred Lichtenstein hat das Gedicht „Die Dämmerung" 1911 verfasst und beschreibt darin, wie die Menschen sich verhalten, z. B. wie ein Dichter verrückt wird oder ein Pferd über eine Frau stolpert.*
- ☐ *In Alfred Lichtensteins Gedicht „Die Dämmerung" von 1911 wird die Verrücktheit der gegenwärtigen Welt dargestellt.*

b Finden Sie gegebenenfalls einen eigenen Einleitungssatz, der das Thema des Gedichts aus Ihrer Sicht treffend benennt. Schreiben Sie die Einleitung Ihres Aufsatzes in Ihr Kursheft.

3 a Üben Sie das Verknüpfen von Analyseergebnissen, indem Sie die folgenden Sätze durch Konjunktionen und Adverbien sinnvoll miteinander verbinden und so Zusammenhänge herstellen (► hintere Umschlaginnenseite).

Die erste Strophe schildert eine merkwürdige Welt.
Der erwähnte Junge scheint einsam zu sein, wenn er mit einem Teich spielt, nicht aber mit einem Menschen bzw. einem gleichaltrigen Spielpartner.
Die Natur wird als unglücklich geschildert.
Die Personifikation des Windes erinnert an einen Winddrachen, der sich in einem Baum verfangen hat.
Die Darstellung des Himmels lässt Assoziationen zu einem Schauspieler aufkommen, dem es möglicherweise nicht gut geht.

b Formulieren Sie mit Hilfe Ihres Schreibplans den Hauptteil Ihres Aufsatzes in Ihrem Kursheft aus.

4 Verfassen Sie den Schlussteil Ihres Aufsatzes in Ihrem Kursheft. Sie können die folgenden Textbausteine verwenden.

Formulierungsbausteine **Schlussgedanken**

- *Zusammenfassend kann man festhalten, dass ...*
- *... ist also die zentrale Aussage des Gedichts.*
- *Sprachlich wird dies insbesondere durch ... hervorgehoben.*
- *Die Darstellung der Natur und der Menschen lässt sich somit insgesamt deuten als ...*

Fünfter Schritt: Den eigenen Text überarbeiten

1 a Überarbeiten Sie Ihren Text mit Hilfe der folgenden Checkliste.
b Prüfen Sie insbesondere noch einmal Ihre Verwendung von Zitaten (► S. 32 und hintere Umschlaginnenseite).

Checkliste **Ein Gedicht analysieren/interpretieren**

- Hat mein Aufsatz einen klaren **Aufbau,** der durch Absätze gegliedert ist?
- Habe ich **einleitend** Gattung, Titel, Autor, Entstehungsjahr und Thema genannt?
- Habe ich den **Hauptteil** nachvollziehbar gegliedert?
- Habe ich den in der Aufgabenstellung genannten **Aspekt** (Darstellung von Mensch und Natur) in den Mittelpunkt meiner Analyse/Interpretation gestellt?
- Bin ich auf **formale und sprachliche Aspekte** eingegangen und habe diese zum Inhalt in Beziehung gesetzt?
- Habe ich den **Inhalt** nicht nur beschrieben, sondern auch gedeutet?
- Habe ich meine **Deutungsthesen** hinreichend durch Belege und eine deutende Kommentierung abgesichert?
- Habe ich Auszüge aus dem Gedicht korrekt **zitiert?**
- Habe ich ein zusammenfassendes **Fazit** verfasst?
- Habe ich meinen Aufsatz auf Fehler in **Rechtschreibung, Grammatik und Zeichensetzung** geprüft?

3.2 Barock – Vertiefende Übungen zu den Aspekten Reim, Metrum, Strophen- und Gedichtform

Info **Barock (ca. 1600 – ca. 1750)**

Die Zeit des **Barock** (ca. 1600 – ca. 1750) ist historisch vom **Dreißigjährigen Krieg** (1618–1648) geprägt, der ein zerstörtes, verwüstetes und religiös gespaltenes Deutschland mit zahlreichen unterschiedlich großen Fürstentümern hinterlässt. Infolgedessen ist die zentrale Erfahrung vieler Menschen die **Vergänglichkeit und Nichtigkeit irdischen Lebens** (= lat.: vanitas mundi – „Eitelkeit der Welt", d. h. „Vergänglichkeit der Welt"). Zwei ganz unterschiedliche Einstellungen zum menschlichen Leben lassen sich daraus ableiten und finden ihren Ausdruck in Kultur, Dichtung, Musik und Kunst: einerseits das Bewusstsein der eigenen Endlichkeit und die **Hoffnung auf ein Leben im Jenseits** (= lat.: memento mori – frei übersetzt: „bedenke, dass du sterben musst"), andererseits der Blick auf die Kürze des irdischen Seins und die damit verbundene **Feier diesseitiger Freuden** (= lat.: carpe diem – „pflücke den Tag", d. h. „nutze/genieße den Tag"). Die deutsche Barocklyrik greift beide Motive (Carpe diem, Memento mori) in vielfältiger Art und Weise auf. Gedichte werden damals nach strengen Regeln verfasst, die etwa in Martin Opitz' einflussreicher Poetik **„Buch von der Deutschen Poeterey"** (1624) formuliert wurden. **Dichtung** ist im damaligen Verständnis nicht vornehmlich Ausdruck individueller Lebenserfahrungen, sondern eher das Beherrschen bestimmter poetischer Techniken und **das kunstfertige Gestalten von zentralen Inhalten bzw. Motiven** (= Topoi). So variieren die Lyriker die genannten Motive zumeist in der lyrischen Form des Sonetts und in zentralen Metaphern und rhetorischen Mitteln.

Andreas Gryphius: **Abend** (1637)

Der schnelle Tag ist hin / die Nacht schwingt ihre fahn /
Und führt die Sternen auff. Der Menschen müde Scharen
Verlassen feld und werck / Wo Thier und Vögel waren
Trawrt itzt die Einsamkeit. Wie ist die zeit verthan!

Der port[1] naht mehr und mehr sich / zu der glieder Kahn.
Gleich wie diß licht verfiel / so wird in wenig Jahren
Ich / du / und was man hat / und was man siht / hinfahren.
Diß Leben kömmt mir vor alß eine renne bahn.

Laß höchster Gott mich doch nicht auff dem Laufplatz gleiten /
Laß mich nicht ach / nicht pracht / nicht lust / nicht angst verleiten.
Dein ewig heller glantz sey vor und neben mir /

Laß / wenn der müde Leib entschläfft / die Seele wachen /
Und wenn der letzte Tag wird mit mir abend machen /
So reiß mich auß dem thal der Finsternuß zu Dir.

Andreas Gryphius (1616–1664), zeitgenössisches Porträt

1 **port:** Hafen

Erstes Textverständnis

1 a Lesen Sie das Gedicht zweimal. Klären Sie die Bedeutung von Wörtern, die Ihnen durch die ungewohnte historische Schreibweise möglicherweise nicht gleich verständlich sind.

b Formulieren Sie Ihren ersten Eindruck von der Situation und den Gefühlen des lyrischen Ichs in diesem Gedicht.

2 In der dritten und vierten Strophe erinnert das Gedicht an eine Textsorte, die man aus einem anderen Kontext kennt. Schreiben Sie auf, um welche Textsorte es sich handelt, und begründen Sie Ihre Entscheidung an Merkmalen.

____

____

____

3 Versuchen Sie die Aussagen des Gedichts so genau wie möglich zu erfassen.
Formulieren Sie den Inhalt jeder einzelnen Strophe zusammenfassend mit eigenen Worten.

1. Strophe:
Ein Tag geht zu Ende:

2. Strophe:
So wie der einzelne Tag wird auch das Leben des lyrischen Ichs und

3. Strophe:

4. Strophe:

Aspekte der Analyse

Der analytische Schwerpunkt der folgenden Übungen ist die **formale Gestaltung.**

Info **Sonett und Alexandriner**

Das **Sonett** ist eine **Gedichtform** mit einer feststehenden Struktur. Ein Sonett besteht aus 14 Versen, die sich zu zwei **Quartetten** (vierzeiligen Strophen) und zwei **Terzetten** (dreizeiligen Strophen) gruppieren. Die Quartette weisen meist einen **umschließenden Reim** auf (abba), die Terzette einen **Schweifreim** (aab, ccb). Oft bilden diese Strophengruppierungen auch inhaltliche Einheiten, etwa die Beschreibung einer Situation in den Quartetten, die Konsequenzen bzw. Schlussfolgerungen aus der Situation in den Terzetten.

Der **Alexandriner** ist ein **sechshebiger jambischer Vers,** der insbesondere in Barocksonetten verwendet wird. Der aus der französischen Literatur stammende Vers besteht aus **12 oder 13 Silben** und hat einen betonten oder unbetonten Schluss. Der Alexandriner weist nach der dritten Hebung (betonten Silbe), also insgesamt nach der sechsten Silbe, oft eine deutliche Zäsur (einen Sinneinschnitt) auf. Durch diese **Mittelzäsur** wird der Vers in zwei **Halbverse** geteilt, die inhaltlich zum Teil antithetische (gegensätzliche), zum Teil aber auch parallele Aussagen machen, z. B.: „Was dieser heute baut / reißt jener morgen ein" (Gryphius). Der Vers kann also formal das widersprüchliche Leben der Menschen im Barock spiegeln.

1 Analysieren Sie die Form des Gedichts „Abend". Ergänzen Sie die Grafik mit weiteren Markierungen und Fachbegriffen zu Gedicht-, Vers- und Strophenform, Reim und Metrum (▸ Infokästen S. 12 f., S. 52 und S. 56). Verwenden Sie die folgenden Begriffe.

Terzett • Alexandriner • umarmender Reim • Antithese • Quartett • Sonett • Mittelzäsur • Schweifreim • Parallele • Jambus • Enjambement

Andreas Gryphius: **Abend** (1637)

Quartett
Der schnelle Tag ist hin / die Nacht schwingt ihre fahn /
Und führt die Sternen auff. Der Menschen müde Scharen
Verlassen feld und werck / Wo Thier und Vögel waren
Trawrt itzt die Einsamkeit. Wie ist die zeit verthan!

Der port naht mehr und mehr sich / zu der glieder Kahn. *a*
Gleich wie diß licht verfiel / so wird in wenig Jahren *b*
Ich / du / und was man hat / und was man siht / hinfahren. *b*
Diß Leben kömmt mir vor alß eine renne bahn. *a*

Laß höchster Gott mich doch nicht auff dem Laufplatz gleiten /
Laß mich nicht ach / nicht pracht / nicht lust / nicht angst verleiten.
Dein ewig heller glantz sey vor und neben mir /

Laß / wenn der müde Leib entschläfft / die Seele wachen /
Und wenn der letzte Tag wird mit mir abend machen /
So reiß mich auß dem thal der Finsternuß zu Dir.

2 Stellen Sie Bezüge zwischen dem Inhalt des Gedichts und Ihren Beobachtungen zu dessen Form her. Greifen Sie dazu auf Ihre Ergebnisse aus Aufgabe 3, S. 56, zurück.

a Erläutern Sie, inwiefern die Form der Strophen die Art und Abfolge der inhaltlichen Aussagen abbildet.

b Stellen Sie fest, welche inhaltlichen Aspekte mit bestimmten Reimwörtern besonders hervorgehoben werden. Notieren Sie Ihre Ergebnisse.
Beispiel: *gleiten – verleiten ⟶ Gefahren des irdischen Lebens*

c Lesen Sie das Gedicht laut. An welchen Stellen zeigt der Sprechrhythmus Auffälligkeiten? Deuten Sie diese Stellen im Hinblick auf die inhaltliche Aussage.
Tipp: Achten Sie auf die Trennstriche innerhalb der Verse.

Kontextualisierung

1 Rufen Sie sich Ihre Kenntnisse der Epoche Barock in Erinnerung. Übertragen Sie die unten stehende Mindmap auf eine Seite in Ihrem Kursheft im Querformat und füllen Sie sie mit Informationen. Überprüfen Sie Ihre Notizen anhand der Hinweise auf S. 55 und eines Literaturlexikons und ergänzen und korrigieren Sie sie gegebenenfalls.

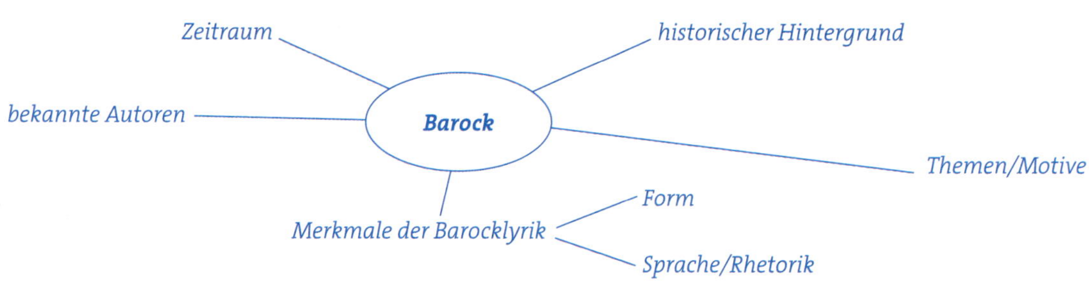

Info **Motiv**

Als **literarisches Motiv** wird allgemein ein thematisches Element eines Textes verstanden, das im Text selbst wiederholt auftritt oder einem Schema entspricht, das bereits in anderen literarischen Werken vorkommt, wie z. B. das Motiv der Dämmerung, des Liebesleids, des Doppelgängers, der Heimkehr oder Trennung. Mit der Verwendung eines solchen Motivs stellen der/die Dichter/in oder der/die Leser/in Beziehungen zu anderen motivgleichen Texten her. Diese Beziehungen wirken sich auf den Aussagegehalt und das Verständnis der Texte aus.

2 Ordnen Sie Gryphius' Gedicht „Abend" begründet einem der Schlüsselmotive der Barocklyrik zu („Carpe diem", „Memento mori", ▸ S. 55). Berücksichtigen Sie dabei auch sprachliche Aspekte. Schreiben Sie im Kursheft.

Zusammenführende Deutung

1 Stellen Sie sich vor, Sie haben Gelegenheit, über die Zeitgrenzen hinweg ein Gespräch mit dem Autor des Gedichts „Abend" zu führen. Dabei soll es darum gehen, inwieweit die Botschaft des Gedichts für heutige Leserinnen und Leser nachvollziehbar ist. Fassen Sie zur Vorbereitung auf das Gespräch Ihre Analyseergebnisse zu Aussage und Form des Gedichts schriftlich zusammen.

3.3 Romantik – Vertiefende Übungen zu dem Aspekt sprachliche Gestaltung

Info **Romantik (ca. 1795 – ca. 1835)**

Die Zeit der **Romantik** (ca. 1795 – ca. 1835) ist geprägt von den Folgen der Französischen Revolution und den Napoleonischen Kriegen, aber auch von der Restauration als Konsequenz des Wiener Kongresses (1815), der die alte vorrevolutionäre Ständeordnung in abgewandelter Form wiederherstellt. Aufgrund der politischen Unfreiheit, der Verzweckung des Menschen durch die Industrialisierung und der oft einseitigen Rationalisierung bzw. Entzauberung der Welt durch radikale Auslegungen der Aufklärung flüchten viele Romantiker in die vermeintlich heile Welt der **Natur** und in die vertraute, scheinbar überschaubare und geordnete Welt des **Mittelalters** und des **Christentums.** Beispielhaft dafür ist die programmatische Schrift „Die Christenheit oder Europa" (1799) des romantischen Dichters Novalis.
Unterteilt wird die Literatur der Romantik in drei Phasen: die **Jenaer Frühromantik** (ca. 1795–1804) um Novalis und die Brüder Schlegel, die **Hochromantik** (ab 1805) um Clemens Brentano, Achim von Arnim und die Brüder Grimm und schließlich die **Spätromantik** (ab 1813) mit den zentralen Schriftstellern Joseph von Eichendorff und E. T. A. Hoffmann.
Zentrale Themen und Leitmotive dieser literarischen Epoche sind die **mystifizierende Wahrnehmung der Natur** sowie **Reisen, Sehnsucht, Liebe, Nacht und Traumwelten.** So schildern viele Texte eine belebte, Geborgenheit gebende Natur, die Sehnsucht nach Lebenssinn und nach Erlösung in Natur oder Jenseits und die unerfüllte, unbedingte Liebe zu einer Frau. Zwiespältig schildern viele Texte die „Nacht": einerseits als Zeit des Geheimnisvollen, Wunderbaren, Traumhaften und als Zeit der Geborgenheit und Erlösung, andererseits aber als Phase des Albtraumhaften, des Unbewussten und der Schattenseiten des Menschen.
Die vielleicht beste Definition der Romantik hat Novalis verfasst, der hervorhebt, dass die Romantiker der scheinbar rational erklärbaren Welt das Geheimnisvolle und Unbekannte wiedergeben wollen: „Indem ich dem Gemeinen einen hohen Sinn, dem Gewöhnlichen ein geheimnisvolles Ansehen, dem Bekannten die Würde des Unbekannten, dem Endlichen einen unendlichen Schein gebe, so romantisiere ich es."
Ein Beispiel für die Hinwendung der Romantik zum Magischen und Unerklärbaren ist das Sammeln der **Volkslieder** und **Volksmärchen,** deren einfache Sprache und magische Welten Vorbild vieler romantischer Texte sind. Dazu zählen als bekanntestes Beispiel die „Kinder- und Hausmärchen" der Brüder Jacob und Wilhelm Grimm.

Joseph von Eichendorff: **Der Einsiedler** (1837)

Komm', Trost der Welt, du stille Nacht
Wie steigst du von den Bergen sacht,
Die Lüfte alle schlafen,
Ein Schiffer nur noch, wandermüd,
Singt über's Meer sein Abendlied
Zu Gottes Lob im Hafen.

Die Jahre wie die Wolken gehn
Und lassen mich hier einsam stehn,
Die Welt hat mich vergessen,
Da tratst du wunderbar zu mir,
Wenn ich beim Waldesrauschen hier
Gedankenvoll gesessen.

O Trost der Welt, du stille Nacht!
Der Tag hat mich so müd gemacht,
Das weite Meer schon dunkelt,
Lass' ausruhn mich von Lust und Not,
Bis dass das ew'ge Morgenrot
Den stillen Wald durchfunkelt.

Joseph von Eichendorff (1788–1857), Lithografie nach einem Gemälde von Franz Theodor Kugler (1832)

Erstes Textverständnis

1 Das Gedicht Joseph von Eichendorffs (► S. 59) trägt den Titel „Der Einsiedler". Warum und wie wird jemand zu einem Einsiedler? Notieren Sie mögliche (Beweg-)Gründe und Orte in dem Cluster.

Einsiedler — *Suche nach spiritueller Erkenntnis*

2 Lesen Sie das Gedicht. Wo befindet sich das lyrische Ich? Beachten Sie die Angaben im Text genau und beschreiben und deuten Sie den Ort mit eigenen Worten.

3 Stellen Sie den inhaltlichen Aufbau des Gedichts dar. Berücksichtigen Sie dabei die Situation des lyrischen Ichs, seine Wahrnehmungen, Gedanken und Gefühle.

Der Gliederung in drei Strophen entsprechen auch drei inhaltlich verschiedene Abschnitte:

In der ersten Strophe ruft das lyrische Ich die Nacht an und beschreibt dann

In der zweiten Strophe

Die dritte Strophe wiederholt zu Beginn

4 Formulieren Sie Ihr erstes Verständnis von der Aussage des Gedichts in einer Deutungsthese.

Aspekte der Analyse

Der analytische Schwerpunkt der folgenden Übungen ist die **sprachlich-rhetorische Gestaltung.**

1 a Erfassen Sie kurz die formalen Merkmale des Gedichts, indem Sie den Lückentext mit den Begriffen aus dem Wortspeicher ergänzen.

Metrum • Silbe • Jambus • Strophe • unbetont • Schweifreim • Hebung • Vers

Das Gedicht „Der Einsiedler" besteht aus drei ______________ mit je sechs ______________. Alle Strophen weisen mit dem Schema aab ccb das Reimschema ______________ auf. Das ______________ ist durchgehend alternierend. Der Versfuß ist der ______________. Die Verse 1, 2, 4 und 5 jeder Strophe haben vier ______________ und enden mit einer betonten ______________ (= männliche oder stumpfe Kadenz), die Verse 3 und 6 sind jeweils dreihebig und enden mit einer weiblichen (klingenden) Kadenz, d. h. mit einer ______________ Silbe.

b Beschreiben Sie die Wirkung des gleichmäßig alternierenden Metrums auf Sie als Leserin oder Leser.

____

____

____

2 a Ordnen Sie die folgenden Beispiele für Klangfiguren mit Linien den Textstellen aus dem Gedicht zu.
Tipp: Hinweise zu den Begriffen finden Sie auf S. 12 und S. 28.

Assonanz	„[...] gehn / [...] stehn" (V. 7 f.)	→	______________
Alliteration	„Der Tag hat mich so müd gemacht" (V. 14)	→	______________
Endreim	„Gottes Lob" (V. 6)	→	______________

b Markieren Sie im Gedicht (▸ S. 59) ein weiteres Beispiel für eine Alliteration.
c Benennen Sie rechts neben den Zitaten jeweils die Wirkung der drei klanglichen Stilmittel.

3 Formulieren Sie ein Zwischenergebnis:
Inwiefern unterstreichen die klanglichen Elemente die Aussage des Gedichts (▸ Aufgabe 4, S. 60)?

____

____

____

4 Untersuchen Sie die Wortwahl in dem Gedicht „Der Einsiedler". Beschreiben Sie davon ausgehend die Sprache in Ihrem Kursheft. Berücksichtigen Sie dabei die folgenden Aspekte:
- Stilebene (z. B. gehoben, einfach)
- Verständlichkeit
- Adjektive
- Wortfelder

5 Untersuchen Sie die Sprache in „Der Einsiedler“ im Hinblick auf eine bildhafte Ausdrucksweise (► S. 13, S. 28 f.):

a Unterstreichen Sie im Text (► S. 59) die Stellen, in denen sich die unten genannten rhetorischen Figuren finden.

b Halten Sie die Textbeispiele für die jeweiligen Bilder in der Tabelle fest und notieren Sie in Stichworten Ihre Deutung der Bilder.

rhetorische Figur	Textstelle	Deutung/Wirkung/Funktion
Personifikation	*„Die Lüfte alle schlafen“ (V. 3)*	*Wie in der Natur (Windstille) kehrt auch bei dem lyrischen Ich Ruhe ein.*
Vergleich		
Metapher		

6 Prüfen Sie, welche sprachlichen Besonderheiten Eichendorffs Gedicht auf der Satzebene aufweist. Finden Sie für die auf den Ästen der Mindmap genannten rhetorischen Figuren Beispiele im Text. Notieren Sie die Zitate in der Mindmap und ergänzen Sie jeweils Stichworte zur Wirkung und Funktion der rhetorischen Figur.

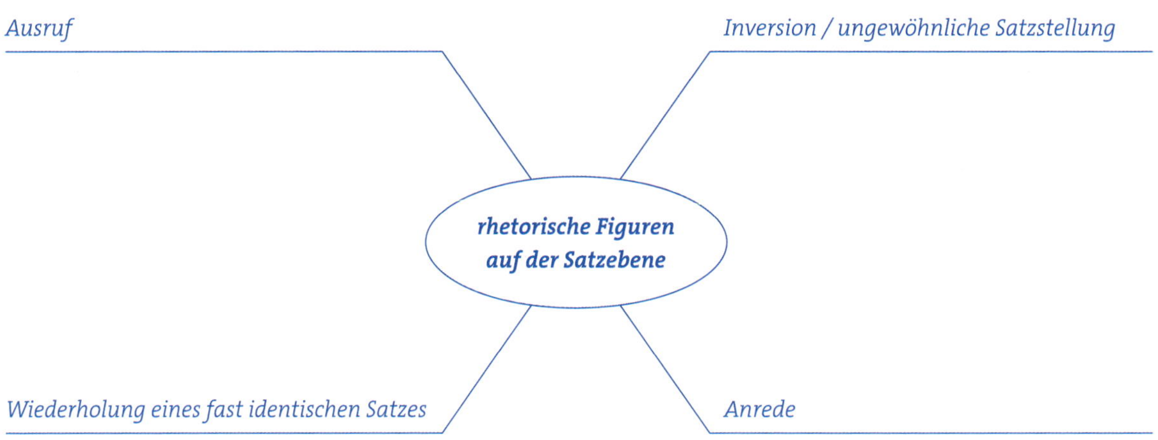

7 Stellen Sie anhand Ihrer Arbeitsergebnisse aus den vorhergehenden Aufgaben in Ihrem Kursheft zusammenfassend dar, wie die sprachliche Gestaltung des Gedichts „Der Einsiedler“ die Stimmung des lyrischen Ichs verdeutlicht.

Kontextualisierung

„Nacht" ist ein typisch romantisches Motiv (▸ S. 59). Dieses Motiv findet sich aber auch bereits in der Literatur früherer Epochen.

1 Vergleichen Sie die Behandlung des Motivs „Nacht" in Andreas Gryphius' „Abend" (▸ S. 55) und Eichendorffs „Der Einsiedler" (▸ S. 59):

a Stellen Sie in der Tabelle gegenüber, welche inhaltlichen Aspekte des Motivs in den beiden Gedichten jeweils betont werden.

„Nacht"	
Gryphius: „Abend"	**Eichendorff: „Der Einsiedler"**
Trauer	

b Legen Sie mit Hilfe der Informationen auf S. 59 dar, inwiefern die Behandlung des Motivs „Nacht" in Eichendorffs Gedicht typische Merkmale der Romantik aufweist.

Eichendorffs Gedicht „Der Einsiedler" war ursprünglich ein Bestandteil seiner Novelle „Eine Meerfahrt" (1835/36), die erst nach seinem Tod veröffentlicht wurde. Es wird darin als Lied von einem Einsiedler auf einer Insel gesungen. Angeregt wurde Eichendorff dazu offensichtlich von dem „Lied des Einsiedels" aus dem einflussreichen Roman „Der Abentheuerliche Simplicissimus Teutsch" (1669) des Barockschriftstellers Hans Jakob Christoffel von Grimmelshausen. Sie finden unten stehend die erste Strophe dieses Liedes.

Hans Jakob Christoffel von Grimmelshausen: **Lied des Einsiedels** (1669)

Komm Trost der Nacht, o Nachtigall,
Lass deine Stimm mit Freudenschall
Aufs lieblichste erklingen.
Komm, komm, und lob den Schöpfer dein,
Weil andre Vöglein schlafen sein,
Und nicht mehr mögen singen:
    Lass dein Stimmlein
        Laut erschallen, dann vor allen
            Kannst du loben
Gott im Himmel hoch dort oben.
[...]

2 a Markieren Sie in Grimmelshausens „Lied des Einsiedels" Textstellen, die sich formal und inhaltlich als Anklänge in Eichendorffs „Der Einsiedler" wiederfinden.

b Beschreiben Sie ausgehend von den Unterschieden zwischen Eichendorffs Gedicht und den beiden Barockgedichten in Ihrem Kursheft, inwiefern das Gedicht „Der Einsiedler" inhaltlich und sprachlich typisch für die Epoche der Romantik ist.

3.4 Basistraining: In fünf Schritten Gedichte vergleichen

Aufgabenbeispiel

1. Analysieren/Interpretieren Sie das Gedicht „Glückliche Fahrt“ von Johann Wolfgang Goethe hinsichtlich des Motivs „Reise“. Berücksichtigen Sie dabei den Bezug zwischen Inhalt und sprachlich-formaler Gestaltung des Gedichts.
2. Analysieren/Interpretieren Sie Uljana Wolfs Gedicht „reisende“ und vergleichen Sie es anschließend mit Goethes Gedicht hinsichtlich der Gestaltung des Motivs „Reise“.

Johann Wolfgang Goethe: **Glückliche Fahrt** (1795)

Die Nebel zerreißen,
Der Himmel ist helle,
Und Äolus[1] löset
Das ängstliche Band.
Es säuseln die Winde,
Es rührt sich der Schiffer.
Geschwinde! Geschwinde!
Es teilt sich die Welle,
Es naht sich die Ferne;
Schon seh' ich das Land!

1 **Äolus:** Gott in der griechischen Mythologie, Herrscher der Winde

Uljana Wolf: **reisende** (2006)

wir erfinden uns
zwischen den
bahnhöfen

schotter
und halme

an den weichen
geschiente küsse

gegen das fortklopfen
der züge

Erster Schritt: Die Aufgabenstellung verstehen

1 a Der erste Aufgabenteil gibt bestimmte Aspekte für die Gedichtanalyse/-interpretation vor. Unterstreichen Sie sie.
b Erläutern Sie mit eigenen Worten, was der Operator „vergleichen“ im zweiten Teil der Aufgabenstellung von Ihnen verlangt.

___

___

___

Zweiter Schritt: Erstes Textverständnis und Ideen formulieren

1 Schreiben Sie Ihre Assoziationen zu dem Titel „Glückliche Fahrt“ auf.

___

___

2 Notieren Sie neben den Versen des Gedichts „reisende“ Ihre Gedanken und Fragen zum Text.

3 Formulieren Sie nach der Lektüre für jedes der Gedichte eine erste These zur Deutung.

„Glückliche Fahrt“: ___

„reisende“: ___

Dritter Schritt: Die Texte analysieren/interpretieren

Zum 1. Aufgabenteil: Das Gedicht „Glückliche Fahrt" analysieren/interpretieren

1 Erschließen Sie den Inhalt des Gedichts „Glückliche Fahrt" mit Blick auf das Motiv „Reise" genauer:

a Teilen Sie das Gedicht in drei inhaltliche Abschnitte und formulieren Sie zu jedem eine passende Überschrift.

1. (V. 1–) ______

2. ______

3. ______

b Erläutern Sie, inwiefern mit der Fahrt eine Entwicklung dargestellt wird.

______

______

c Notieren Sie Begriffe, die die Aussagen des Gedichts zum Thema „Reise" und die Stimmung des lyrischen Ichs treffend erfassen.

Aktivität, ______

2 Untersuchen Sie die Form des Gedichts „Glückliche Fahrt".

a Stellen Sie fest, welche Endreime das Gedicht enthält. Markieren Sie die entsprechenden Verse.

b Lesen Sie das Gedicht laut und kennzeichnen Sie die Hebungen (betonte Silben) der Verse im Text.

c Erklären Sie, welche metrische Besonderheit die Verse 4 und 10 aufweisen, und deuten Sie diese neben dem Text.

d Beschreiben Sie, wie der Rhythmus des Gedichts auf Sie wirkt.

______

______

3 Machen Sie sich Notizen zu der Wirkung der formalen Merkmale (▸ Aufgabe 2) in Bezug auf den Inhalt des Gedichts.

Das unregelmäßige Reimschema korrespondiert mit der Bewegung der Wellen. ______

Das Metrum spiegelt ______

______

______

4 Analysieren Sie die sprachlich-rhetorische Gestaltung und deren Wirkung im Gedicht.

a Markieren Sie im Gedichttext vorkommende rhetorische Figuren und benennen Sie diese mit Versangaben.

Parallelismus (V. 8 f.), ______

______

b Notieren Sie Stichworte zur Funktion der sprachlichen Mittel.

______

______

5 Formulieren Sie vor dem Hintergrund Ihrer Ergebnisse aus den Aufgaben 1 bis 4 auf S. 65 erneut eine These zur Deutung des Gedichts „Glückliche Fahrt". Erläutern Sie dabei, wie Sie die Verwendung des Motivs der Reise in Goethes Gedicht verstehen. Schreiben Sie in Ihrem Kursheft.

Zum 2. Aufgabenteil: Das Gedicht „reisende" analysieren/interpretieren und die Gedichte vergleichen

6 Vertiefen Sie Ihr Verständnis von Wolfs Gedicht „reisende" (▸ S. 64), indem Sie einzelne Textstellen und rhetorische Figuren genauer untersuchen. Beantworten Sie in Ihrem Kursheft die folgenden Fragen.

a Was bedeutet die Formulierung „wir erfinden uns" (V. 1)?
b Was verbindet man mit Bahnhöfen? Welche Eigenschaften haben Bahnhöfe? Was lässt sich daraus für die Situation des „wir" „zwischen den bahnhöfen" (V. 2 f.) schließen?
c Was symbolisiert eine „[W]eiche" (V. 6)?
d Wie deuten Sie die Metapher (▸ S. 28) „geschiente küsse" (V. 7)?

7 Notieren Sie sprachliche und formale Besonderheiten des Gedichts „reisende".

____

____

8 Verbinden Sie Ihre Ideen aus Aufgabe 6 und 7 zu einer Deutung des Gedichts im Hinblick auf das Motiv der Reise. Schreiben Sie eine These zur Aussage des Gedichts auf.

____

____

____

____

9 a Stellen Sie für den Vergleich der Gedichte im Hinblick auf die Gestaltung des Motivs „Reise" Belege zusammen. Ergänzen Sie Stichworte in der unten stehenden Tabelle.
b Markieren Sie Gemeinsamkeiten und Unterschiede in verschiedenen Farben.

Aspekte des Vergleichs	„Glückliche Fahrt"	„reisende"
inhaltliche Aspekte des Reisens	*Unterwegssein, Fortkommen,*	*Unterwegssein,*
Wirkung der Reise		
Stimmung des lyrischen Ichs	*optimistisch,*	
formale Aspekte, die die Gestaltung des Motivs unterstreichen		
sprachliche Aspekte, die die Gestaltung des Motivs unterstreichen		*Metapher „fortklopfen der züge" (V. 8 f.) verbildlicht, dass Reisen mit Trennung verbunden ist*

10 Verfassen Sie in Ihrem Kursheft Thesen zum Gedichtvergleich. Verwenden Sie dabei passende Adverbien und Konjunktionen (▸ hintere Umschlaginnenseite), um Unterschiede und Gemeinsamkeiten zu verdeutlichen.

Vierter Schritt: Den Schreibplan erstellen und den Text schreiben

1 Erstellen Sie für Ihren Aufsatz eine Gliederung (► S. 31) in Ihrem Kursheft. Berücksichtigen Sie dabei die Arbeitsschritte, die die Aufgabenstellung vorgibt.

2 Verfassen Sie den vollständigen Aufsatz in Ihrem Heft.
- Geben Sie in einem Einleitungssatz die wichtigen Informationen zu Goethes Gedicht an (Autor, Titel, Textsorte, Erscheinungsjahr, Thema).
- Formulieren Sie Ihre Deutungsthesen zum Motiv der Reise in dem Gedicht „Glückliche Fahrt" ausführlich aus (► Information auf dieser Seite).
- Gestalten Sie nach einer Überleitung Ihre Deutungsthesen zu Wolfs Gedicht.
  Beispiel für den Beginn dieses Teils:
  Auch das im Jahr ... erschienene Gedicht von ... thematisiert das Motiv „Reise". Jedoch weist es hinsichtlich der Entfaltung des Motivs und auch bezüglich der formalen und sprachlichen Gestaltung ...
- Führen Sie Ihre Thesen zum Gedichtvergleich aus.
- Formulieren Sie ein abschließendes Fazit.

Info **Deutungsthesen ausführen**

Mit einer Deutungsthese erläutern Sie Ihr persönliches, vertieftes Textverständnis, das Sie bei der systematischen Analyse/Interpretation gewonnen haben. Folgende Vorgehensweise ist dabei sinnvoll:

These	Beispiel: *Reise als Überwinden einer Krise*
↓	↓
Beleg dafür (z. B. durch Textzitat und/oder Beschreibung eines Gestaltungsphänomens)	Beispiel: *Das lyrische Ich bewegt sich aus dem „Nebel" (V. 1) ins „Helle" (V. 2) und sieht „Land" (V. 10); das „ängstliche Band" (V. 4) löst sich; die Anapher „Es teilt [...] / Es naht [...]" (V. 8 f.) unterstreicht ...*
↓	↓
abschließende Deutung des Belegs (als Rückbindung an die These)	Beispiel: *Die genannten Beobachtungen zeigen, dass sich die Stimmung des lyrischen Ichs von Angst zu neuer Sicherheit wandelt.*

Fünfter Schritt: Den eigenen Text überarbeiten

1 a Überarbeiten Sie Ihren Text mit Hilfe der folgenden Checkliste.
b Stellen Sie fest, worauf Sie bei der nächsten vergleichenden Analyse/Interpretation besonders achten sollten.

Checkliste **Gedichte vergleichend analysieren/interpretieren**

- Hat mein Aufsatz einen klaren **Aufbau,** der durch Absätze gegliedert ist?
- Habe ich **einleitend** Gattung, Titel, Autor, Entstehungsjahr und Thema genannt?
- Habe ich bei beiden Gedichten den in der Aufgabenstellung genannten **Aspekt** (Motiv der Reise) in den Mittelpunkt der Analyse/Interpretation gestellt?
- Bin ich auf **formale und sprachliche Aspekte** eingegangen? Habe ich diese zum Inhalt in Beziehung gesetzt?
- Habe ich meine **Deutungsthesen** hinreichend durch Belege und eine deutende Kommentierung abgesichert?
- Habe ich Auszüge aus beiden Gedichten fachlich korrekt **zitiert?**
- Habe ich **Gemeinsamkeiten und Unterschiede** der beiden Gedichtaussagen umfassend und klar genug herausgearbeitet?
- Habe ich ein zusammenfassendes **Fazit** verfasst?
- Habe ich meinen Aufsatz auf Fehler in **Ausdruck, Rechtschreibung, Grammatik** und **Zeichensetzung** geprüft?

4.1 Basistraining: In fünf Schritten eine Dramenszene analysieren/interpretieren

Aufgabenbeispiel

1. Analysieren/Interpretieren Sie die Szene II,5 aus Gotthold Ephraim Lessings Drama „Nathan der Weise“ im Hinblick auf den Gesprächsverlauf und die Figurengestaltung. Berücksichtigen Sie dabei auch die Sprache der Figuren.
2. Beurteilen Sie mit Hilfe dieses Textauszugs, ob die Figur Nathan als typischer Repräsentant der Aufklärung gelten kann und ob das Drama noch aktuell ist.

Gotthold Ephraim Lessing: **Nathan der Weise. Ein dramatisches Gedicht in fünf Aufzügen** (Auszug) (1779)

Das Drama spielt zur Zeit der Kreuzzüge in Jerusalem. Der jüdische Kaufmann Nathan erfährt nach der Rückkehr von einer Geschäftsreise, dass seine Adoptivtochter Recha von einem Tempelherrn (Angehöriger eines christlichen Ritterordens) vor dem Feuertod gerettet wurde. Dieser war in die Gefangenschaft des muslimischen Herrschers über Jerusalem, Sultan Saladin, geraten und entging seiner Hinrichtung nur, weil er den Sultan an seinen toten Bruder Assam erinnerte. Nathan sucht den Tempelherrn auf, um sich für dessen Rettungstat zu bedanken.

2. Aufzug, 5. Szene
NATHAN *und bald darauf der* TEMPELHERR.

NATHAN:
Fast scheu ich mich des Sonderlings. Fast macht
Mich seine raue Tugend stutzen. Dass
Ein Mensch doch einen Menschen so verlegen
Soll machen können! – Ha! er kömmt. – Bei Gott!
Ein Jüngling wie ein Mann. Ich mag ihn wohl
Den guten, trotz'gen Blick! den prallen Gang!
Die Schale kann nur bitter sein: der Kern
Ist's sicher nicht. – Wo sah ich doch dergleichen? –
Verzeihet, edler Franke …
TEMPELHERR: Was?
NATHAN: Erlaubt …
TEMPELHERR: Was, Jude? was?
NATHAN: Dass ich mich untersteh,
Euch anzureden.
TEMPELHERR: Kann ich's wehren? Doch
Nur kurz.
NATHAN: Verzieht[1], und eilet nicht so stolz,
Nicht so verächtlich einem Mann vorüber,
Den Ihr auf ewig Euch verbunden habt.
TEMPELHERR:
Wie das? – Ah, fast errat ich's. Nicht? Ihr seid …
NATHAN: Ich heiße Nathan; bin des Mädchens Vater,
Das Eure Großmut aus dem Feu'r gerettet;
Und komme …
TEMPELHERR: Wenn zu danken: – spart's! Ich hab
Um diese Kleinigkeit des Dankes schon
Zu viel erdulden müssen. – Vollends Ihr,
Ihr seid mir gar nichts schuldig. Wusst ich denn,
Dass dieses Mädchen Eure Tochter war?
Es ist der Tempelherren Pflicht, dem Ersten
Dem Besten beizuspringen, dessen Not
Sie sehn. Mein Leben war mir ohnedem
In diesem Augenblicke lästig. Gern,
Sehr gern ergriff ich die Gelegenheit,
Es für ein andres Leben in die Schanze
Zu schlagen[2]: für ein andres – wenn's auch nur
Das Leben einer Jüdin wäre.
NATHAN: Groß!
Groß und abscheulich! – Doch die Wendung lässt
Sich denken. Die bescheidne Größe flüchtet
Sich hinter das Abscheuliche, um der
Bewundrung auszuweichen. – Aber wenn
Sie so das Opfer der Bewunderung
Verschmäht: was für ein Opfer denn verschmäht
Sie minder[3]? – Ritter, wenn Ihr hier nicht fremd
Und nicht gefangen wäret, würd ich Euch
So dreist nicht fragen. Sagt, befehlt: womit
Kann man Euch dienen?
TEMPELHERR: Ihr? Mit nichts.
NATHAN: Ich bin
Ein reicher Mann.
TEMPELHERR: Der reichre Jude war
Mir nie der bessre Jude.
NATHAN: Dürft Ihr denn
Darum nicht nützen, was dem ungeachtet
Er Bessres hat? nicht seinen Reichtum nützen?
TEMPELHERR:
Nun gut, das will ich auch nicht ganz verreden[4];
Um meines Mantels willen nicht. Sobald
Der ganz und gar verschlissen; weder Stich
Noch Fetze[5] länger halten will: komm ich
Und borge mir bei Euch zu einem neuen,
Tuch oder Geld. – Seht nicht mit eins[6] so finster!
Noch seid Ihr sicher; noch ist's nicht so weit

1 **Verzieht:** Verweilt

2 **in die Schanze zu schlagen:** zu riskieren
3 **minder:** weniger
4 **verreden:** hier: leugnen
5 **weder Stich noch Fetze:** weder Naht noch Stoff
6 **mit eins:** auf einmal

Mit ihm. Ihr seht; er ist so ziemlich noch
Im Stande. Nur der eine Zipfel da
Hat einen garst'gen Fleck; er ist versengt.
Und das bekam er, als ich Eure Tochter
Durchs Feuer trug.
Nathan *(der nach dem Zipfel greift und ihn betrachtet):*
Es ist doch sonderbar,
Dass so ein böser Fleck, dass so ein Brandmal
Dem Mann ein bessres Zeugnis redet, als
Sein eigner Mund. Ich möcht ihn küssen gleich –
Den Flecken! – Ah, verzeiht! – Ich tat es ungern.
Tempelherr: Was?
Nathan: Eine Träne fiel darauf.
Tempelherr: Tut nichts!
Er hat der Tropfen mehr. – (Bald aber fängt
Mich dieser Jud' an zu verwirren.)
Nathan: Wärt
Ihr wohl so gut, und schicktet Euern Mantel
Auch einmal meinem Mädchen?
Tempelherr: Was damit?
Nathan: Auch ihren Mund an diesen Fleck zu drücken.
Denn Eure Kniee selber zu umfassen,
Wünscht sie nun wohl vergebens.
Tempelherr: Aber, Jude –
Ihr heißet Nathan? – Aber, Nathan – Ihr
Setzt Eure Worte sehr – sehr gut – sehr spitz –
Ich bin betreten – Allerdings – ich hätte ...
Nathan:
Stellt und verstellt Euch, wie Ihr wollt. Ich find
Auch hier Euch aus. Ihr wart zu gut, zu bieder[7],
Um höflicher zu sein. – Das Mädchen, ganz
Gefühl; der weibliche Gesandte, ganz
Dienstfertigkeit; der Vater weit entfernt –
Ihr trugt für ihren guten Namen Sorge;
Floht[8] ihre Prüfung; floht, um nicht zu siegen.
Auch dafür dank ich Euch –
Tempelherr: Ich muss gestehn,
Ihr wisst, wie Tempelherren denken sollten.
Nathan: Nur Tempelherren? *sollten* bloß? und bloß
Weil es die Ordensregeln so gebieten?
Ich weiß, wie gute Menschen denken; weiß,
Dass alle Länder gute Menschen tragen.
Tempelherr: Mit Unterschied, doch hoffentlich?
Nathan: Jawohl;
An Farb', an Kleidung, an Gestalt verschieden.
Tempelherr:
Auch hier bald mehr, bald weniger, als dort.
Nathan: Mit diesem Unterschied ist's nicht weit her.
Der große Mann braucht überall viel Boden;
Und mehrere, zu nah gepflanzt, zerschlagen
Sich nur die Äste. Mittelgut, wie wir,
Find't sich hingegen überall in Menge.
Nur muss der eine nicht den andern mäkeln.
Nur muss der Knorr[9] den Knuppen[10] hübsch vertragen.
Nur muss ein Gipfelchen sich nicht vermessen,
Dass es allein der Erde nicht entschossen.
Tempelherr:
Sehr wohl gesagt! – Doch kennt Ihr auch das Volk,
Das diese Menschenmäkelei zuerst
Getrieben? Wisst Ihr, Nathan, welches Volk
Zuerst das auserwählte Volk[11] sich nannte?
Wie? wenn ich dieses Volk nun, zwar nicht hasste,
Doch wegen seines Stolzes zu verachten,
Mich nicht entbrechen[12] könnte? Seines Stolzes;
Den es auf Christ und Muselmann vererbte,
Nur sein Gott sei der rechte Gott! – Ihr stutzt,
Dass ich, ein Christ, ein Tempelherr, so rede?
Wenn hat, und wo die fromme Raserei,
Den bessern Gott zu haben, diesen bessern
Der ganzen Welt als besten aufzudringen,
In ihrer schwärzesten Gestalt sich mehr
Gezeigt, als hier, als itzt[13]? Wem hier, wem itzt
Die Schuppen nicht vom Auge fallen ... Doch
Sei blind, wer will! – Vergesst, was ich gesagt;
Und lasst mich! *(Will gehen.)*
Nathan: Ha! Ihr wisst nicht, wie viel fester
Ich nun mich an Euch drängen werde. – Kommt,
Wir müssen, müssen Freunde sein! – Verachtet
Mein Volk, so sehr Ihr wollt. Wir haben beide
Uns unser Volk nicht auserlesen[14]. Sind
Wir unser Volk? Was heißt denn Volk?
Sind Christ und Jude eher Christ und Jude,
Als Mensch? Ah! wenn ich einen mehr in Euch
Gefunden hätte, dem es g'nügt, ein Mensch
Zu heißen!
Tempelherr: Ja, bei Gott, das habt Ihr, Nathan!
Das habt Ihr! – Eure Hand! – Ich schäme mich,
Euch einen Augenblick verkannt zu haben.
Nathan: Und ich bin stolz darauf. Nur das Gemeine[15]
Verkennt man selten.
Tempelherr: Und das Seltene
Vergisst man schwerlich. – Nathan, ja;
Wir müssen, müssen Freunde werden.
Nathan: Sind
Es schon. – Wie wird sich meine Recha freuen! –
Und ah! Welch eine heitre Ferne schließt
Sich meinen Blicken auf! – Kennt sie nur erst!
Tempelherr:
Ich brenne vor Verlangen – Wer stürzt dort
Aus Euerm Hause? Ist's nicht ihre Daja?
Nathan: Jawohl. So ängstlich?
Tempelherr: Unsrer Recha ist
Doch nichts begegnet?

---

7 **bieder:** hier: ehrenhaft
8 **floht:** vermiedet
9 **Knorr:** Ast
10 **Knuppen:** Geschwulst

11 **das auserwählte Volk:** Nach dem 5. Buch Moses 7, 6–8 ist das Volk Israel aufgrund seines Bundes mit Jahwe auserwählt.
12 **entbrechen:** enthalten
13 **itzt:** jetzt, d. h.: zur Zeit der Kreuzzüge
14 **auserlesen:** hier: ausgesucht
15 **Gemeine:** Gewöhnliche

4.3 Georg Büchner: Woyzeck – Vertiefende Übungen zu den Aspekten Handlungs- und Dialoganalyse

Info **Büchners „Woyzeck" und der Vormärz**

Georg Büchner, 1835. Kolorierter Stahlstich nach einer Zeichnung von A. Hoffmann (1810–1872)

Georg Büchners (1813–1837) unvollendetes und erst nach seinem Tod veröffentlichtes Drama **„Woyzeck"** ist revolutionär. Erstmals steht ein Vertreter der Unterschicht im Mittelpunkt des Bühnengeschehens. Dazu greift Büchner auf einen historischen Rechtsfall zurück. 1821 hatte der Sohn eines Perückenmachers namens Woyzeck eine Witwe ermordet und wurde dafür öffentlich hingerichtet. Büchner nun stellt den Täter Woyzeck als **Opfer von gesellschaftlichen Verhältnissen** dar, die das Schicksal eines Menschen determinieren, d. h. vorbestimmen. Die Dramenfigur Woyzeck ist kein frei handelndes Individuum, sondern ein **„Antiheld"**. Büchner prangert eine Gesellschaft der Ausbeutung und Unterdrückung an, die den Einzelnen seiner Würde beraubt. In seinem Stück ist Woyzeck ein einfacher Soldat, der mit seinem Hungerlohn nicht auskommt und deshalb Gelegenheitsarbeiten annehmen muss. Er stellt sich auch einem unmenschlichen medizinischen Experiment zur Verfügung, das ihn zwingt, über einen längeren Zeitraum nur Erbsen zu essen. Woyzeck wird von **wahnhaften Vorstellungen** heimgesucht und erleidet eine Psychose. Als ihn seine **Freundin** schließlich mit einem anderen hintergeht, **tötet** er sie in einem Anfall von Verzweiflung und Eifersucht. Auch formal löst sich das Werk von den Vorbildern, indem es die **offene Form** des Dramas begründet: Die Regeln der klassischen Dramentheorie mit der Einteilung in Akte werden ebenso aufgegeben wie die drei Einheiten von Ort, Zeit und Handlung. Stattdessen reiht Büchner Einzelszenen aneinander, die vor allem durch die Hauptfigur und einzelne Motive zusammengehalten werden. „Woyzeck" gilt als das **erste soziale Drama,** insofern es die Schattenseiten von gesellschaftlichen Fehlentwicklungen demonstriert, denen vor allem Kleinbürger und Arbeiter zum Opfer fallen. Büchner gibt diesen Figuren der niederen Stände eine realitätsnahe Sprache, die aus Dialekt, Soziolekt und Alltagsrede besteht. „Woyzeck" spiegelt das **sozialpolitische Engagement** wider, das die Literatur des Vormärz auszeichnet. Diese Strömung wendete sich scharf gegen die Restaurationspolitik der Karlsbader Beschlüsse von 1819. Büchner veröffentlichte 1834 das revolutionäre Manifest „Der Hessische Landbote" unter dem Motto „Friede den Hütten! Krieg den Palästen!". Der Verfolgung durch die Behörden entzog er sich durch Flucht nach Frankreich. Dichter wie Georg Büchner, Heinrich Heine, Ferdinand Freiligrath und Georg Herwegh gelten als Vorbereiter der Märzrevolution von 1848 – daher die Bezeichnung Vormärz.

Georg Büchner: **Woyzeck** (Auszug) (1836)

[Szene 8] Beim Doktor

Woyzeck. Der Doktor.

DOKTOR: Was erleb ich, Woyzeck? Ein Mann von Wort.

WOYZECK: Was denn, Herr Doktor?

DOKTOR: Ich hab's gesehn, Woyzeck; er hat auf die Straß gepisst, an die Wand gepisst wie ein Hund. – Und doch zwei Groschen täglich. Woyzeck, das ist schlecht. Die Welt wird schlecht, sehr schlecht.

WOYZECK: Aber Herr Doktor, wenn einem die Natur kommt.

DOKTOR: Die Natur kommt, die Natur kommt! Die Natur! Hab ich nicht nachgewiesen, dass der musculus constrictor vesicae[1] dem Willen unterworfen ist? Die Natur! Woyzeck, der Mensch ist frei, in dem Menschen verklärt sich die Individualität zur Freiheit. Den Harn nicht halten können! *(Schüttelt den Kopf, legt die Hände auf den Rücken und geht auf und ab)* Hat Er schon seine Erbsen gegessen, Woyzeck? – Es gibt eine Revolution in der Wissenschaft, ich sprenge sie in die Luft. Harnstoff, 0,10, salzsaures Ammonium, Hyperoxydul. – Woyzeck, muss Er nicht wieder pissen? Geh Er einmal hinein und probier Er's!

WOYZECK: Ich kann nit, Herr Doktor.

1 **musculus constrictor vesicae:** Blasenschließmuskel

Doktor *(mit Affekt*[2]*)*: Aber an die Wand pissen! Ich hab's schriftlich, den Akkord[3] in der Hand. – Ich hab's gesehn, mit diesen Augen gesehn, ich steckt grade die Nase zum Fenster hinaus und ließ die Sonnstrahlen hineinfallen, um das Niesen zu beobachten. *(Tritt auf ihn los)* Nein Woyzeck, ich ärgre mich nicht, Ärger ist ungesund, ist unwissenschaftlich. Ich bin ruhig, ganz ruhig; mein Puls hat seine gewöhnlichen 60 und ich sag's Ihm mit der größten Kaltblütigkeit. Behüte, wer wird sich über einen Menschen ärgern, ein Menschen! Wenn es noch ein Proteus[4] wäre, der einem krepiert! Aber Er hätte doch nicht an die Wand pissen sollen –

Woyzeck: Sehn Sie, Herr Doktor, manchmal hat einer so 'nen Charakter, so 'ne Struktur. – Aber mit der Natur ist's was anders, sehn Sie, mit der Natur, *(er kracht mit den Fingern)* das is so was, wie soll ich doch sagen, zum Beispiel –

Doktor: Woyzeck, Er philosophiert wieder.

Woyzeck *(vertraulich)*: Herr Doktor, habe Sie schon was von der doppelten Natur[5] gesehn? Wenn die Sonn in Mittag steht und es ist, als ging die Welt in Feuer auf, hat schon eine fürchterliche Stimme zu mir geredt!

Doktor: Woyzeck, Er hat eine aberratio[6].

Woyzeck *(legt den Finger an die Nase)*: Die Schwämme[7], Herr Doktor. Da, da steckts. Haben Sie schon gesehn, in was für Figuren die Schwämme auf dem Boden wachsen? Wer das lesen könnt.

Doktor: Woyzeck, Er hat die schönste aberratio mentalis partialis[8], die zweite Spezies, sehr schön ausgeprägt. Woyzeck, Er kriegt Zulage. Zweite Spezies: fixe Idee mit allgemein vernünftigem Zustand. Er tut noch alles wie sonst, rasiert sein Hauptmann?

Woyzeck: Jawohl.

Doktor: Isst sei Erbse?

Woyzeck: Immer ordentlich, Herr Doktor. Das Geld für die Menage[9] kriegt mei Frau.

Doktor: Tut sei Dienst?

Woyzeck: Jawohl.

Doktor: Er ist ein interessanter Casus[10], Subjekt Woyzeck, Er kriegt Zulag. Halt Er sich brav. Zeig Er sein Puls! Ja.

2 **mit Affekt:** erregt
3 **Akkord:** Einverständniserklärung
4 **Proteus:** hier: Eidechse
5 **die doppelte Natur (haben):** hellsehen, eine Erscheinung haben
6 **aberratio:** hier: Geistesstörung
7 **Schwämme:** Pilze
8 **aberratio mentalis partialis:** teilweise Geistesverwirrung
9 **Menage:** Verpflegung
10 **Casus:** Fall

Erstes Textverständnis

1 Lesen Sie den Dramenauszug und halten Sie Ihren ersten Eindruck vom Handeln der Figuren und von dem Verhältnis zwischen Arzt und Patient in Stichworten fest.

Doktor: ______

Woyzeck: ______

Verhältnis zwischen Arzt und Patient: ______

______

______

Aspekte der Analyse

Die analytischen Schwerpunkte der folgenden Übungen sind die **Handlungsanalyse** und die **Dialoganalyse.**

1 Analysieren Sie den Handlungsverlauf der Szene „Beim Doktor":

a Unterteilen Sie die Szene in Handlungsschritte und markieren Sie diese am Text (► S. 80 f.).

b Schreiben Sie den Inhalt der jeweiligen Handlungsschritte in Stichworten neben den Text.

Tipp **Den Handlungsverlauf analysieren**

Die folgenden Fragen können Ihnen bei der Gliederung und der Analyse des Handlungsverlaufs helfen:

- Womit **beginnt** die Handlung, womit **endet** sie?
- Gibt es **Brüche, Entwicklungen, Höhepunkte** im Handlungsverlauf?
- Wird der Handlungsverlauf von **äußeren Faktoren** beeinflusst (z. B. Ereignisse außerhalb des Geschehens auf der Bühne, übergeordnete Handlungsziele der Figuren)?
- Wie lässt sich der Handlungsverlauf in einer **Spannungskurve** darstellen?

2 Fassen Sie den Inhalt der Szene in wenigen Sätzen in Ihrem Kursheft zusammen. Berücksichtigen Sie dabei die Informationen zu den Figuren und zur Entstehungszeit des Dramas (► S. 80 f.).

3 Beantworten Sie die folgenden Fragen zur Art der Handlung in der Szene. Notieren Sie Stichworte zur Begründung.

a Ist die Handlung eher konfliktträchtig oder eher harmoniebestimmt?

____

b Gibt es Handlung in dem Sinn, dass jemand aktiv ist?

____

4 Untersuchen Sie den Dialog zwischen dem Doktor und Woyzeck im Hinblick auf die unten stehenden Aspekte und füllen Sie die Tabelle aus.

Untersuchungsaspekt	Doktor	Woyzeck
Redeanteil		
sprachliche Auffälligkeiten		
Verhältnis von Sprache und Verhalten	*Die wissenschaftlichen Fachausdrücke unterstreichen die Überlegenheit, die der Doktor Woyzeck gegenüber demonstriert.*	
Gesamteindruck von der Figur		

5 a Verdeutlichen Sie anhand der Analyse des Handlungsverlaufs und des Gesprächsverhaltens in der Szene „Beim Doktor", inwiefern Woyzeck als Antiheld bezeichnet werden kann. Schreiben Sie in Ihrem Kursheft.

b Erklären Sie – auf der Grundlage Ihrer Vorarbeiten – die Funktion der beiden Figuren für die Interpretation des Dramas.

Kontextualisierung

Bei einer Vorlesung vor Studenten spricht der Doktor auch über Woyzeck.

[Szene 18] Der Hof des Doktors

[...]

Doktor *(ganz erfreut):* [...] Sehn Sie der Mensch, seit einem Vierteljahr isst er nichts als Erbsen, beachten Sie die Wirkung, fühlen Sie einmal was ein ungleicher Puls, da, und die Augen.

Woyzeck: Herr Doktor, es wird mir dunkel. *(Er setzt sich.)*

Doktor: Courage[1]! Woyzeck, noch ein paar Tage, und dann ist's fertig, fühlen Sie, meine Herrn, fühlen Sie. *(Sie betasten ihm Schläfe, Puls und Busen[2].)* A propos, Woyzeck, beweg den Herrn doch einmal die Ohren, ich hab es Ihnen schon zeigen wollen. Zwei Muskeln sind bei ihm tätig. Allons[3], frisch!

Woyzeck: Ach, Herr Doktor!

Doktor: Bestie, soll ich dir die Ohren bewegen, willst du's machen wie die Katze[4]! So, meine Herrn, das sind so Übergänge zum Esel, häufig auch in Folge weiblicher Erziehung und die Muttersprache. Wie viel Haare hat dir die Mutter zum Andenken schon ausgerissen aus Zärtlichkeit? Sie sind dir ja ganz dünn geworden seit ein paar Tagen, ja, die Erbsen, meine Herren.

1 **Courage:** (franz.) Mut
2 **Busen:** hier Bezeichnung für die männliche Brust
3 **Allons:** (franz.) Gehen wir!
4 Der Doktor experimentierte vorher mit einer Katze.

1 Ergänzen Sie das Bild, das Sie von dem Verhältnis zwischen dem Doktor und Woyzeck gewonnen haben, indem Sie das Verhalten und die Sprache des Doktors in dem oben stehenden Szenenausschnitt untersuchen. Machen Sie sich Notizen.

2 Beurteilen Sie das Verhalten des Doktors vor dem Hintergrund des hippokratischen Eides (benannt nach dem griechischen Arzt Hippokrates von Kos, 460–377 v. Chr.), der den Umgang des Arztes mit dem Patienten bestimmt:

Die diätetischen[1] Maßnahmen werde ich nach Kräften und gemäß meinem Urteil zum Nutzen der Kranken einsetzen, Schädigung und Unrecht aber ausschließen. [...] Zum Nutzen der Kranken will ich eintreten und mich von jedem vorsätzlichen Unrecht und jeder anderen Sittenlosigkeit fernhalten [...].

1 **dietätisch:** die Ernährung betreffend

Zusammenführende Deutung

1 Beschreiben Sie das Verhältnis zwischen dem Doktor und Woyzeck in Ihrem Kursheft mit Blick auf
- das Handeln der beiden Figuren,
- die Sprache der Figuren und die Redeanteile,
- die Entwicklung der Arzt-Patienten-Beziehung, so wie sie sich zwischen den beiden Szenen abzeichnet,
- die Funktion der Figuren für die politische Intention des Dramas.

4.4 Bertolt Brecht: Leben des Galilei – Gestaltend interpretieren

Info **Brechts „Leben des Galilei" und das epische Theater**

Bertolt Brechts Schauspiel „Leben des Galilei" (1956) handelt von dem italienischen Mathematiker, Physiker und Astronomen Galileo Galilei (1564–1642). Dieser vertrat öffentlich das von Nikolaus Kopernikus entworfene so genannte **„heliozentrische Weltbild"**, demzufolge die Sonne (griechisch „helios") im Mittelpunkt des Universums steht. Damit setzte sich Galilei in **Widerspruch zur römischen Kirche,** die am althergebrachten „geozentrischen Weltbild" festhielt. Dieses ist vor allem mit dem Namen des griechischen Astronomen Ptolemäus (2. Jh. n. Chr.) verbunden („ptolemäisches Weltbild"), aber auch der griechische Philosoph Aristoteles (4. Jh. v. Chr.), der von den Philosophen der frühen Neuzeit als unumstößliche Autorität betrachtet wurde, hatte es bereits vertreten. Danach sollte die Erde (griechisch „gäa", daher „geozentrisch") im Mittelpunkt des Universums stehen.
Die Kirche verteidigte mit dem geozentrischen Weltbild zugleich die Überzeugung, dass mit der Erde auch die auf ihr lebenden Menschen im Zentrum stünden – und das bedeutete vor allem: im Zentrum der Aufmerksamkeit und liebenden Hinwendung Gottes. Wurde die Erde an den Rand gerückt, war auch der Mensch eine „Randerscheinung" und konnte sich der Aufmerksamkeit des Schöpfers nicht mehr sicher sein. Galilei gründet seine Position allerdings nicht auf theologisch-philosophische Überlegungen, seine Argumente sind ganz anderer Art. Eine entscheidende Rolle spielt dabei das kurz zuvor in Holland erfundene **Fernrohr.**
Das Schauspiel weist, vordergründig betrachtet, **weniger deutlich** als andere Dramen Brechts die **Züge des epischen Theaters** auf (▸ S. 19); so gibt es weder Songs noch die Figur eines kommentierenden Erzählers, der für Distanz zum dargestellten Geschehen sorgt. Die wesentlichen Aspekte dieser Theaterform stecken jedoch bereits im Stoff selbst: im Demonstrieren empirischer Tatsachen, in der Haltung des Erklärens und der Belehrung sowie im Disput, also dem akademischen Streitgespräch, als der vorherrschenden Form des Dialogs. Darüber hinaus bestimmen diese Elemente aber auch wesentlich die dramaturgische Zeichnung der Figuren im „Galilei".

Bertolt Brecht: **Leben des Galilei** (Auszug) (1956)

Der folgende Auszug aus Brechts Schauspiel entstammt dem vierten Bild: Galilei empfängt Cosmo, den Großherzog, und zwei Vertreter der Universität von Florenz, einen Philosophen und einen Mathematiker, in seinem Haus in Florenz. Andrea ist sein Schüler, Federzoni sein Linsenschleifer.

GALILEI: Eure Hoheit, ich bin glücklich, in Eurer Gegenwart die Herren Eurer Universität mit den Neuerungen bekannt machen zu dürfen. [...] *am Fernrohr:* Wie Eure Hoheit zweifellos wissen, sind wir Astronomen seit einiger Zeit mit unseren Berechnungen in große Schwierigkeiten gekommen. Wir benützen dafür ein sehr altes System, das sich in Übereinstimmung mit der Philosophie, aber leider nicht mit den Fakten zu befinden scheint. Nach diesem alten System, dem ptolemäischen, werden die Bewegungen der Gestirne als äußerst verwickelt angenommen. [...] Aber selbst solche schwierigen Bewegungen annehmend, sind wir nicht in der Lage, die Stellung der Gestirne richtig vorauszuberechnen. Wir finden sie nicht an den Orten, wo sie eigentlich sein müßten. Dazu kommen solche Gestirnbewegungen, für welche das ptolemäische System überhaupt keine Erklärung hat. Bewegungen dieser Art scheinen mir einige von mir neu entdeckte kleine Sterne um den Planeten Jupiter zu vollführen. Ist es den Herren angenehm, mit einer Besichtigung der Jupitertrabanten zu beginnen, der Mediceischen Gestirne[1]?

ANDREA *auf den Hocker vor dem Fernrohr zeigend:* Bitte, sich hier zu setzen.

DER PHILOSOPH: Danke, mein Kind. Ich fürchte, das alles ist nicht ganz so einfach. Herr Galilei, bevor wir Ihr berühmtes Rohr applizieren[2], möchten wir um das Vergnügen eines Disputs bitten. Thema: Können solche Planeten existieren?

DER MATHEMATIKER: Eines formalen Disputs.

GALILEI: Ich dachte mir, Sie schauen einfach durch das Fernrohr und überzeugen sich?

ANDREA: Hier, bitte.

DER MATHEMATIKER: Gewiß, gewiß. – Es ist Ihnen natürlich bekannt, daß nach der Ansicht der Alten Sterne nicht möglich sind, die um einen anderen Mittelpunkt als die Erde kreisen, noch solche Sterne, die im Himmel keine Stütze haben?

GALILEI: Ja.

DER PHILOSOPH: Und, ganz absehend von der Möglichkeit solcher Sterne, die der Mathematiker – *er verbeugt sich gegen den Mathematiker* – zu bezweifeln scheint, möchte ich in aller Bescheidenheit als Philosoph die Frage aufwerfen: sind solche Sterne nötig? Aristotelis divini universum[3] ...

GALILEI: Sollten wir nicht in der Umgangssprache fortfahren? Mein Kollege, Herr Federzoni, versteht Latein nicht.

1 **Mediceische Gestirne:** Galilei benannte 1610 die vier von ihm entdeckten Jupitermonde nach dem einflussreichen florentinischen Patriziergeschlecht der Medici.

2 **applizieren:** anwenden

3 **Aristotelis divini universum:** das Weltall oder Weltbild des göttlichen Aristoteles

DER PHILOSOPH: Ist es von Wichtigkeit, daß er uns versteht?

GALILEI: Ja.

DER PHILOSOPH: Entschuldigen Sie mich. Ich dachte, es ist Ihr Linsenschleifer.

ANDREA: Herr Federzoni ist ein Linsenschleifer und ein Gelehrter.

DER PHILOSOPH: Danke, mein Kind. Wenn Herr Federzoni darauf besteht ...

GALILEI: Ich bestehe darauf.

DER PHILOSOPH: Das Argument wird an Glanz verlieren, aber es ist Ihr Haus. – Das Weltbild des göttlichen Aristoteles mit seinen mystisch musizierenden Sphären und kristallenen Gewölben und den Kreisläufen seiner Himmelskörper und dem Schiefenwinkel der Sonnenbahn und den Geheimnissen der Satellitentafeln und dem Sternenreichtum des Katalogs der südlichen Halbkugel und der erleuchteten Konstruktion des celestialen Globus[4] ist ein Gebäude von solcher Ordnung und Schönheit, daß wir wohl zögern sollten, diese Harmonie zu stören.

GALILEI: Wie, wenn Eure Hoheit die sowohl unmöglichen als auch unnötigen Sterne nun durch dieses Fernrohr wahrnehmen würden?

DER MATHEMATIKER: Man könnte versucht sein zu antworten, daß Ihr Rohr, etwas zeigend, was nicht sein kann, ein nicht sehr verläßliches Rohr sein müßte, nicht?

GALILEI: Was meinen Sie damit?

DER MATHEMATIKER: Es wäre doch viel förderlicher, Herr Galilei, wenn Sie uns die Gründe nennten, die Sie zu der Annahme bewegen, daß in der höchsten Sphäre des unveränderlichen Himmels Gestirne freischwebend in Bewegung sein können.

DER PHILOSOPH: Gründe, Herr Galilei, Gründe!

GALILEI: Die Gründe? Wenn ein Blick auf die Gestirne selber und meine Notierungen das Phänomen zeigen? Mein Herr, der Disput wird abgeschmackt.

DER MATHEMATIKER: Wenn man sicher wäre, daß Sie sich nicht noch mehr erregten, könnte man sagen, daß, was in Ihrem Rohr ist und was am Himmel ist, zweierlei sein kann.

DER PHILOSOPH: Das ist nicht höflicher auszudrücken.

FEDERZONI: Sie denken, wir malten die Mediceischen Sterne auf die Linse!

GALILEI: Sie werfen mir Betrug vor?

DER PHILOSOPH: Aber wie könnten wir das? In Anwesenheit Seiner Hoheit!

DER MATHEMATIKER: Ihr Instrument, mag man es nun Ihr Kind, mag man es Ihren Zögling nennen, ist sicher äußerst geschickt gemacht, kein Zweifel! [...]

GALILEI: Werden die Herren nun also durchschauen oder nicht?

DER PHILOSOPH: Sicher, sicher.

DER MATHEMATIKER: Sicher. [...] Warum einen Eiertanz aufführen? Früher oder später wird Herr Galilei sich doch noch mit den Tatsachen befreunden müssen. Seine Jupiterplaneten würden die Sphärenschale durchstoßen. Es ist ganz einfach.

FEDERZONI: Sie werden sich wundern: es gibt keine Sphärenschale.

DER PHILOSOPH: Jedes Schulbuch wird Ihnen sagen, daß es sie gibt, mein guter Mann.

FEDERZONI: Dann her mit neuen Schulbüchern.

DER PHILOSOPH: Eure Hoheit, mein verehrter Kollege und ich stützen uns auf die Autorität keines Geringeren als des göttlichen Aristoteles selber.

GALILEI *fast unterwürfig:* Meine Herren, der Glaube an die Autorität des Aristoteles ist eine Sache, Fakten, die mit Händen zu greifen sind, eine andere. Sie sagen, nach dem Aristoteles gibt es dort oben Kristallschalen, und so können gewisse Bewegungen nicht stattfinden, weil die Gestirne die Schale durchstoßen müßten. Aber wie, wenn Sie diese Bewegungen konstatieren könnten? Vielleicht sagt Ihnen das, daß es diese Kristallschalen gar nicht gibt? Meine Herren, ich ersuche Sie in aller Demut, Ihren Augen zu trauen.

DER MATHEMATIKER: Lieber Galilei, ich pflege mitunter, so altmodisch es Ihnen erscheinen mag, den Aristoteles zu lesen und kann Sie dessen versichern, daß ich da meinen Augen traue.

GALILEI: Ich bin es gewohnt, die Herren aller Fakultäten sämtlichen Fakten gegenüber die Augen schließen zu sehen und so zu tun, als sei nichts geschehen. Ich zeige meine Notierungen, und man lächelt, ich stelle mein Fernrohr zur Verfügung, daß man sich überzeugen kann, und man zitiert Aristoteles. Der Mann hatte kein Fernrohr!

DER MATHEMATIKER: Allerdings nicht, allerdings nicht.

DER PHILOSOPH *groß:* Wenn hier Aristoteles in den Kot gezogen werden soll, eine Autorität, welche nicht nur die gesamte Wissenschaft der Antike, sondern auch die Hohen Kirchenväter selber anerkannten, so scheint jedenfalls mir eine Fortsetzung der Diskussion überflüssig. Unsachliche Diskussion lehne ich ab. Basta.

GALILEI: Die Wahrheit ist das Kind der Zeit, nicht der Autorität. Unsere Unwissenheit ist unendlich, tragen wir einen Kubikmillimeter ab! Wozu jetzt noch so klug sein wollen, wenn wir endlich ein klein wenig weniger dumm sein können! Ich habe das unvorstellbare Glück gehabt, ein neues Instrument in die Hand zu bekommen, mit dem man ein Zipfelchen des Universums etwas, nicht viel, näher besehen kann. Benützen Sie es.

DER PHILOSOPH: Eure Hoheit, meine Damen und Herren, ich frage mich nur, wohin dies alles führen soll.

GALILEI: Ich würde meinen, als Wissenschaftler haben wir uns nicht zu fragen, wohin die Wahrheit uns führen mag.

R

4 **celestialer Globus:** Himmelskugel

Den Text verstehen

Den Schwerpunkt der folgenden Übungen bildet die Methode **Gestaltendes Interpretieren.**

1 Lesen Sie den Dramenauszug (▸ S. 84 f.). Formulieren Sie auf der Grundlage Ihrer Lektüre, um welche Streitfrage es in diesem Gespräch geht.

Die Streitfrage lautet: ______________________________

____

2 In dem Dialog treffen Vertreter zweier unterschiedlicher wissenschaftlicher Positionen und Weltbilder aufeinander.

a Benennen Sie – mit Hilfe der Informationen auf S. 84 – die beiden Positionen und erfassen Sie sie in der Tabelle.

b Unterstreichen Sie im Dramentext in verschiedenen Farben, wie die Anhänger der beiden Weltbilder jeweils argumentieren.

c Ordnen Sie die am Dialog beteiligten Figuren den Positionen zu und notieren Sie in der Tabelle die Argumente, mit denen die Figuren ihre Position stützen.

Position/Weltbild	Figuren	Argumente
Position 1:		
Position 2:		

3 Betrachten Sie den Text unter dem Aspekt des „epischen Theaters" (▸ S. 19, 84), das dem Zuschauer eine Erkenntnis für seine eigene Lebenswelt vermitteln möchte: Welchen Eindruck vom herrschenden Wissenschaftsbetrieb vermittelt das Drama?

____

____

____

4 Man nimmt an, dass Brecht in der Figur des Galilei seine eigene Auffassung von der gesellschaftlichen Rolle der Wissenschaft dargestellt hat. Unterstreichen Sie im Text entsprechende Passagen und skizzieren Sie eine mögliche Position Brechts.

____

____

____

Den Text gestaltend interpretieren

Info **Subtext**

Subtext nennt man den Text, der entsteht, wenn man sich als Leserin oder Leser in eine Figur eines Textes hineinversetzt und deren Gedanken in einer ganz bestimmten Situation, d. h. ausgehend von einer konkreten Stelle des Textes, so formuliert, wie die Figur sie denken könnte. Solche Subtexte füllen Leerstellen aus, Textstellen, die der Autor oder die Autorin bewusst nicht ausgestaltet hat.

1 Bereiten Sie zwei Monologe vor, mit denen sich Galilei und der Philosoph im Anschluss an das Streitgespräch jeweils an das Publikum wenden. Die Monologe sollen die zentralen Aspekte des Gesprächs berücksichtigen und verdeutlichen, was die Figuren tatsächlich denken und fühlen.

a Lesen Sie den Dramenauszug erneut. Halten Sie in der Tabelle fest, welche Ziele die beiden Figuren in dem Gespräch verfolgen.

b Erschließen Sie ausgehend davon, was Galilei und der Philosoph möglicherweise tatsächlich denken und fühlen, ohne dass dieses im Text erwähnt wird. Notieren Sie Ihre Überlegungen in Stichworten in der Tabelle.

	Galilei	Der Philosoph
Gesprächsziele	– *die Besucher über die neuen Entdeckungen informieren* – ...	– *die neuen Entdeckungen in Frage stellen* – ...
mögliche Gedanken und Gefühle		

2 Versetzen Sie sich in die Rolle der beiden Figuren und schreiben Sie die Monologe in Ihr Kursheft. Berücksichtigen Sie dazu

– die Ergebnisse Ihrer Analyse des Dramentextes (► S. 87, Aufgabe 1 a),
– den Subtext, also das, was die Figuren tatsächlich denken und fühlen könnten, im Dialog aber nicht aussprechen (► S. 87, Aufgabe 1 b),
– die Intention des Dramas (► S. 86, Aufgabe 3).

Sie können die unten stehenden Formulierungen zu Hilfe nehmen.

Formulierungsbausteine **Subtexte verfassen**

Dieses Streitgespräch war ... / Besonders verstörend fand ich ... / Wollte er allen Ernstes ...? / Was wollte ... bloß mit der Behauptung ... / Ich kann ja verstehen, dass ... / Begreift er aber nicht, dass ... / Welche Absicht verfolgt er damit zu sagen, ... / Ich bin davon überzeugt, ... / Mir scheint, dass die wahren Beweggründe ... / Es ist notwendig, dass ... / Wohin soll es führen, wenn ... / Wir können keine Rücksicht darauf nehmen ...

3 Begründen Sie abschließend schriftlich, inwiefern die beiden Monologe helfen, den Auszug aus Brechts „Leben des Galilei" besser zu verstehen.

Orson Welles: Der Prozess

Info **Der Prozess (F/D/I 1962, Regie: Orson Welles) – Handlung**

Der Angestellte Josef K. wird eines Morgens von zwei Gerichtsdienern **verhaftet.** Er erfährt nicht, welches Vergehen ihm zur Last gelegt wird. Zu seiner ersten Untersuchung vor Gericht wird er geladen, ohne genaue Informationen zu Ort und Zeitpunkt der Verhandlung zu erhalten. Im Verlauf seines Prozesses **versucht Josef K. verzweifelt, Kontrolle über das mysteriöse Gerichtsverfahren zu erlangen.** Dabei gerät er immer tiefer in die Fänge eines **undurchschaubaren Machtapparats.** Sein Rechtsanwalt ist ihm keine Hilfe, sondern scheint auf unheilvolle Weise mit dem Gericht in Verbindung zu stehen. Am Ende wird Josef K. zu seiner **Hinrichtung** in einen Steinbruch abgeführt.

Erstes Filmverständnis

1 Die beiden Szenenfotos aus Orson Welles' Film „Der Prozess" zeigen Josef K. im Gerichtsgebäude. Beschreiben Sie die Bilder stichwortartig im Hinblick auf die Aspekte Raumgestaltung, Lichtverhältnisse und Figurendarstellung.

A

Filmszene aus „Der Prozess" (1962)

Raum
überdimensionale Tür

Licht

Figur

B

Filmszene aus „Der Prozess" (1962)

Raum
Wendeltreppe

Licht

Figur

2 Beschreiben Sie, welche Wirkung die beiden Filmbilder (► S. 88) auf den Betrachter ausüben.

Die Figur des Josef K. wirkt in den Räumen ______________________

____

____

____

3 Erläutern Sie die mögliche symbolische Bedeutung der Licht-, Raum- und Figurengestaltung der Filmbilder. Beziehen Sie die Informationen zur Handlung des Films (► S. 88) in Ihre Überlegungen ein.

Die bedrohlich großen und unübersichtlichen Räume symbolisieren ______________________

____

____

____

4 Notieren Sie spontan, was Ihrer Meinung nach einen guten Film bzw. eine gute Literaturverfilmung kennzeichnet.

____

____

____

Aspekte der Analyse

Info **Filmisches Erzählen**

Die Kamera übernimmt im Film die **Funktion der Erzählerin;** ihre Sprache ist die Bildsprache. Diese setzt sich zusammen aus Kameraeinstellung (= Einstellungsgröße, d. h. der Bildausschnitt, den die Kamera zeigt), Kameraperspektive und Kamerabewegung.

Einstellungsgröße
- **Panorama/Weit:** Überblick über den Ort des Geschehens
- **Totale:** Übersicht über den Schauplatz
- **Halbtotale:** Figuren in ihrer gesamten Körperlänge
- **Amerikanisch/Halbnah:** Figuren in kommunikativen Situationen, etwa vom Knie an aufwärts
- **Nah:** Figuren von der Brust an, häufig in Sprechsituationen
- **Groß:** z. B. nur das Gesicht
- **Detail:** extreme Nähe

Kameraperspektive
- **Normalsicht:** normale menschliche Perspektive in Augenhöhe
- **Vogelperspektive:** Blick von einem erhöhten Punkt
- **Froschperspektive:** niedriger Standpunkt

Kamerabewegung
- **Handlungsachse:** Bewegung der Objekte vor der stehenden Kamera
- **Kameraachse:** Bewegung der Kamera, z. B. horizontales Schwenken, vertikales Neigen, Kamerafahrt

Die gemeinsame Bewegung von Objekt und Kamera bietet eine hohe Identifikationsmöglichkeit.

Info **Bildinszenierung – Mise en Scène**

Der französische Begriff **„Mise en Scène"** wird für die filmische Bildinszenierung verwendet. Figuren und Objekte werden wie in der Kunst auf einem Gemälde oder Foto für den Blick des Betrachters bzw. für die Kamera im Raum inszeniert. Neben Perspektive, Achsenverhältnissen und Kameraführung sind Kategorien der **Bildästhetik** für die Beschreibung der Bildinszenierung hilfreich: statischer (vertikale, horizontale Strukturen) und dynamischer (diagonale Strukturen) Bildaufbau, offene und geschlossene Form, Symmetrie und Asymmetrie, Flächeneinteilung, Lichtführung, Farbe, Raumgestaltung, Tiefenwirkung, Schärfegrad. Diese **Mittel der Malerei** weisen dem Geschehen über die erzählte Geschichte hinaus weitere Bedeutungsebenen zu. Zur Bildgestaltung gehören auch die Wahl des Drehortes (Location), die Ausstattung, Requisiten und Kostüme.

5 Untersuchen Sie die Bildinszenierung des folgenden Szenenfotos aus „Der Prozess":

a Stellen Sie fest, wie der Raum und die Figuren in Szene gesetzt werden (▸ Infokasten oben), und ergänzen Sie die unten stehende Bearbeitung mit Ihren Ergebnissen.

b Deuten Sie die Bildgestaltung im Hinblick auf das Thema des Films. Schreiben Sie in Ihrem Kursheft.

Blickachse K.s

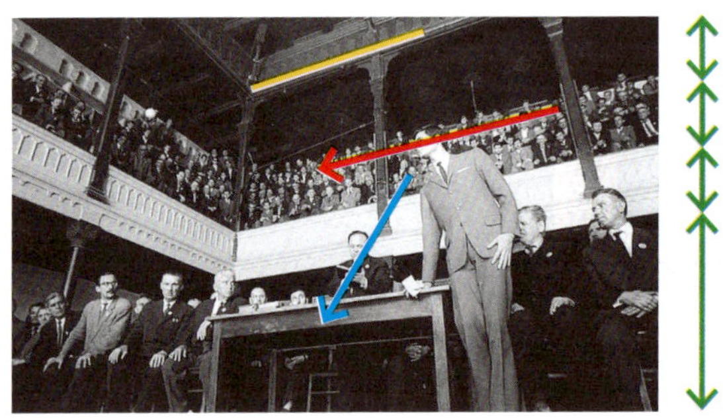

Tiefenwirkung / Flächeneinteilung

Filmszene aus „Der Prozess" (1962)

Info **Montage**

Die **Montage** manipuliert Zeit und Raum. Sie schafft Sinnzusammenhänge und steuert die Bedeutung der Filmbilder. Die Filmsprache kennt verschiedene Formen der Bildverknüpfung. Sie können durch **harten Schnitt** (das übliche Verfahren) oder durch **weichen Schnitt** (z. B. Überblendung) erzeugt werden.

6 Die folgenden Bilder stammen aus der Filmsequenz, die mit K.s Aufsuchen des Gerichtsgebäudes beginnt und mit dem Eintreten in den Gerichtssaal endet. Orson Welles reiht hier mit Hilfe des filmischen Mittels der Montage unterschiedliche Drehorte unvermittelt aneinander ohne Rücksicht auf die Einheit des Raums.

Filmszenen aus „Der Prozess" (1962)

a Vergleichen Sie die Bilder im Hinblick auf die Raumgestaltung und notieren Sie Ihre Beobachtungen.

____

____

____

b Beschreiben Sie in Ihrem Heft, welche Wirkung diese Montage hinsichtlich des Raumempfindens erzielt.

7 Informieren Sie sich mit Hilfe der Angaben in der unten stehenden Tabelle über die filmischen Mittel in der Szene „Erste Untersuchung – Im Gerichtssaal". Die Zahlen in der ersten Spalte beziehen sich auf die vier inhaltlichen Abschnitte der Szene (▸ Infokasten S. 91). Erläutern Sie, welche Funktion die Schnitttechnik in Verbindung mit der Kameraführung im Hinblick auf das Raum- und Zeitempfinden übernimmt.

Die verhältnismäßig langen Einstellungen (bis zu 22 Sekunden) während K.s Anklagerede verstärken

	Schnitte	Kamerastandpunkte	Einstellungen	Perspektiven
1	9 Schnitte in 52 s, längste Einstellung: 20 s	hinter K., rechts neben der Tür (3), rechte obere Empore, links vor dem Podest, vor dem Podest, auf dem Podest, nahe der Tür	Nah/Totale, Halbtotale, Amerikanisch → Halbtotale, Nah → Halbtotale, Totale, (Halb-)Totale (4)	Normal (4), Vogel, Normal, Frosch, Vogel, Normal
2	12 Schnitte in 90 s, längste Einstellung: 22 s	obere Empore, untere Empore, vor dem Podest, Raummitte, vor dem Podest, auf dem Podest, vor dem Podest, untere Empore, vor dem Podest, auf dem Podest, nahe der Tür, vor dem Podest	Totale (2), Halbtotale, Totale, Halbtotale (3), Totale, Halbtotale (2), Totale, Amerikanisch	Vogel, Normal, Frosch (3), Vogel, Frosch, Normal, Frosch, Vogel, Normal, Frosch
3	10 Schnitte in 14 s, längste Einstellung: 3 s	auf dem Podest, untere Empore (2), vor dem Podest, untere Empore, Raummitte, links neben dem Podest, untere Empore, Raummitte, untere Empore	Totale (2), Halbtotale (3), Totale, Halbtotale → Amerikanisch, (Halb-)Totale (3)	Vogel, Normal, Vogel, Frosch, Vogel, Frosch, Normal, Vogel, Normal, Vogel
4	9 Schnitte in 40 s, längste Einstellung: 11 s	rechts neben der Tür, Raummitte (2), vor der Tür (hinter K.), Raummitte, vor der Tür, Raummitte, vor der Tür, außerhalb des Saals	Totale, Nah (2), Amerikanisch, (Halb-)Totale, Amerikanisch, Halbtotale, Amerikanisch, Halbtotale/Totale	Normal, Frosch, Normal, Vogel, Frosch, Vogel, Frosch, Vogel, Normal

Info **Ton: Filmmusik und Geräusche**

Musik verdichtet Emotionen, erzeugt Gefühlslagen, rhythmisiert und strukturiert Filmbilder und beeinflusst das Zeitempfinden. Musikalische Leitmotive weisen u. a. Figuren oder Situationen eine besondere Bedeutung zu.
Geräusche sind meist unmittelbar präsent und steigern die Wirklichkeitsillusion und Raumwahrnehmung. Geräuschverstärkung oder Plötzlichkeit können alarmieren und schockieren.
On-Ton/Synchronton: Die Quelle des Tons ist sichtbar oder ergibt sich aus dem Zusammenhang.
Off-Ton: Die Quelle des Tons ist im Bild nicht sichtbar (z. B. Voice Over – Erzählstimme aus dem Off).

8 Stellen Sie anhand der Informationen zu der Szene „Erste Untersuchung – Im Gerichtssaal" (▸ S. 91) fest, welcher Ton in dieser Szene eingesetzt wird. Notieren Sie Ihre Überlegungen zur Wirkung der beschriebenen Geräusche im Zusammenhang mit der Raumgestaltung.

9 Erläutern Sie unter Berücksichtigung Ihrer Untersuchungsergebnisse aus den Aufgaben 3 bis 8 die Funktion der Raum- und Zeitgestaltung im Hinblick auf die Hauptfigur. Achten Sie dabei z. B. auf das Verhältnis zwischen dem Einzelnen und der Masse, Freiheit und Enge, Ordnung und Chaos. Schreiben Sie in Ihrem Kursheft.

Autoren- und Quellenverzeichnis

S. 5 Franz Kafka: Eine kaiserliche Botschaft. Aus: Franz Kafka: Sämtliche Erzählungen. Hrsg. von Paul Raabe. Fischer Taschenbuch Verlag, Frankfurt/M. 1970, S. 138f. **S. 10** Franz Kafka: Brief an den Vater (Auszüge). Aus: Franz Kafka: Brief an den Vater. Mit einem Nachwort von Wilhelm Emrich. Fischer Taschenbuch Verlag, Frankfurt/M. 1975, S. 16, 17f., 21 **S. 11** Heinrich Heine: Aus alten Märchen winkt es (Lyrisches Intermezzo XLIII). Aus: Heinrich Heine: Sämtliche Schriften. Hrsg. von Klaus Briegleb. Bd. 1. Deutscher Taschenbuch Verlag, München 1997, S. 92f. © 1968 Carl Hanser Verlag, München/Wien **S. 15** Friedrich Schiller: Kabale und Liebe. Ein bürgerliches Trauerspiel (Szene III/4). Reclam, Stuttgart 2001, S. 63–66 **S. 22** Franz Kafka: Eine alltägliche Verwirrung. Aus: Franz Kafka: Sämtliche Erzählungen. Hrsg. von Paul Raabe. Fischer Taschenbuch Verlag, Frankfurt/M. 1970, S. 303f. **S. 24f.** Nora Gantenbrink: Höhlentage. Aus: Nora Gantenbrink: Verficktes Herz & andere Geschichten. Rowohlt Taschenbuch Verlag, Reinbek bei Hamburg 2013, S. 29–33 **S. 34 und 37** Johann Wolfgang Goethe: Die Leiden des jungen Werthers (Auszüge). Reclam, Stuttgart 2001, S. 44f. (Am 16. Julius), S. 31 (Am 21. Junius), S. 103 (Am 3. November) **S. 38f. und 41** Heinrich von Kleist: Michael Kohlhaas (Auszüge). Reclam, Stuttgart 2005, S. 8–10, 40f. **S. 42f. und 45** Franz Kafka: Der Prozess (Auszüge). Hamburger Lesehefte Verlag, Husum/Nordsee 2007, S. 31–33, 165f. **S. 46f.** Juli Zeh: Corpus Delicti. Ein Prozess (Auszüge). btb Verlag, München 2010. Copyright © Schöffling & Co. Verlagsbuchhandlung GmbH, Frankfurt am Main, S. 18f., 36f., 54, 57f., 181 **S. 50 und 52** Alfred Lichtenstein: Die Dämmerung. Aus: Alfred Lichtenstein. Dichtungen. Hrsg. von Klaus Kanzog und Hartmut Vollmer. Raabe + Vitali, Zürich 1989, S. 43. © 1989 by Arche Verlag AG **S. 55 und 57** Andreas Gryphius: Abend. Aus: Andreas Gryphius. Gesamtausgabe der deutschsprachigen Werke. Hrsg. von Marian Szyrocki und Hugh Powell. Bd. 1: Sonette. Hrsg. von Marian Szyrocki. Tübingen, Max Niemeyer Verlag 1963, S. 66 **S. 59** Joseph von Eichendorff: Der Einsiedler. Aus: Joseph von Eichendorff. Werke in sechs Bänden. Hrsg. von Wolfgang Frühwald, Brigitte Schillbach und Hartwig Schultz. Bd. 1: Gedichte. Versepen. Hrsg. von Hartwig Schultz. Deutscher Klassiker Verlag, Frankfurt/M. 1987, S. 322 **S. 63** Hans Jakob Christoffel von Grimmelshausen: Lied des Einsiedels. Aus: Ders.: Der Abentheuerliche Simplicissimus Teutsch. Deutscher Taschenbuch Verlag, München 1975 **S. 64** Johann Wolfgang Goethe: Glückliche Fahrt. Aus: Johann Wolfgang Goethe: Sämtliche Werke, Briefe, Tagebücher und Gespräche. Hrsg. von Henrik Birus u. a. I. Abt.: Sämtliche Werke. Bd. 1: Gedichte 1750–1799. Hrsg. von Karl Eibl. Deutscher Klassiker Verlag, Frankfurt/M. 1987, S. 650 **S. 64** Uljana Wolf: reisende. Aus: Uljana Wolf: kochanie ich habe brot gekauft. Gedichte. © kookbooks, Idstein 2006, S. 45 **S. 68f.** Gotthold Ephraim Lessing: Nathan der Weise. Ein dramatisches Gedicht in fünf Aufzügen. Szene II,5. Reclam, Stuttgart 2001, S. 51–56. **S. 76f. und 79** Johann Wolfgang Goethe: Faust. Der Tragödie Erster Teil (Auszüge). Reclam, Stuttgart 2007, S. 77–79, 33 **S. 80f. und 83** Georg Büchner: Woyzeck (Auszüge). Aus: Georg Büchner. Werke und Briefe. Hrsg. von Karl Pörnbacher, Gerhard Schaub, Hans-Joachim Simm und Edda Ziegler. Deutscher Taschenbuch Verlag, München 1988 **S. 84f.** Bertolt Brecht: Leben des Galilei (Auszug). Aus: Bertolt Brecht. Werke. Große kommentierte Berliner und Frankfurter Ausgabe. Bd. 5: Stücke 5. © Suhrkamp Verlag, Frankfurt am Main 1988, S. 219f. **S. 94** „Die Raumdarstellungen …" Aus: Sandra Poppe: Visualität in Literatur und Film. Eine medienkomparatistische Untersuchung moderner Erzähltexte und ihrer Verfilmungen. Vandenhoeck & Ruprecht, Göttingen 2007, S. 207 **S. 95** „Im Roman liegt er …" Aus: Orson Welles und Peter Bogdanovich: Hier spricht Orson Welles. Deutsche Übersetzung von Heide Sommer und Oivin Ziemer. Beltz Quadriga, Weinheim 1994, S. 431

Bildquellenverzeichnis

S. 3 akg-images / De Agostini Picture Lib. **S. 10** links: akg-images; rechts: akg-images / Archiv K. Wagenbach **S. 20** mauritius images / imageBROKER / H.-D. Falkenstein **S. 34** akg-images **S. 55** picture-alliance/dpa **S. 59** bpk **S. 78** bpk / Kupferstichkabinett, SMB / Jörg P. Anders **S. 79** ddp images **S. 80** akg-images **S. 88** oben: INTERFOTO / Glasshouse Images / JT Vintage; unten: INTERFOTO/Friedrich **S. 90–92** Studiocanal Frankreich / The Trial © 1963–1984 Cantharus Productions N.V.

Die Grundlage für dieses Werk wurde erarbeitet von
Gerd Brenner, Heinz Gierlich, Christoph Hellenbroich, Philipp Schmolke, Bernd Schurf und Andrea Wagener.

Redaktion: Franziska Voigt, Hamburg
Illustrationen: Petra Ballhorn, Berlin
Bildrecherche: Bianca Hupfer, Angelika Wagener
Umschlaggestaltung: Studio SYBERG, Berlin (Foto: © Gina Sanders – Fotolia.com)
Layout und technische Umsetzung: lernsatz.de

Dieses Arbeitsheft ergänzt das Lehrwerk „Texte, Themen und Strukturen. Deutschbuch für die Oberstufe".

www.cornelsen.de

Dieses Werk berücksichtigt die Regeln der reformierten Rechtschreibung und Zeichensetzung.
Bei den mit R gekennzeichneten Texten haben die Rechteinhaber einer Anpassung widersprochen.

1. Auflage, 1. Druck 2016

Alle Drucke dieser Auflage sind inhaltlich unverändert
und können im Unterricht nebeneinander verwendet werden.

Druck: Parzeller print & media GmbH & Co. KG, Fulda

ISBN 978-3-464-61248-4

PEFC zertifiziert
Dieses Produkt stammt aus nachhaltig bewirtschafteten Wäldern und kontrollierten Quellen.
www.pefc.de